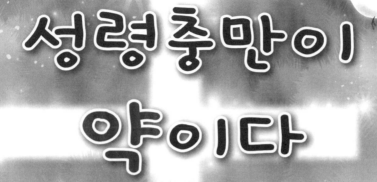

성령충만이 약이다

박이스라엘 지음

'이것이 완전한 신부의 길'

(3권 합본 : 기적의 성령충만,
옛구습을 버리고 새사람을 입으라,
꿈 · 환상 성경해석)

CONTENTS

4장, 꿈·환상 (단어집)   147

머리말

십자가는 죽어야 부활한다. 우리가 살아서 주를 섬기는
것은 죽음의 연속이다.

죽음이란 무엇인가?

내 뜻이 아닌 주의 뜻대로 하라는 것인데, 하늘의 뜻을
알아내는 것이 육신을 살고 있는 나에게는 그것이
죽음인 것이다.

2008년에 성령 충만 받으라를 내고 지금까지 세 번째
세 가지를 합본하여 내기까지 10년이란 세월이 흘렀고
얼굴에 잔주름이 생기고 머리가 하얘진 60이 넘은
할머니가 되었다.

하나님의 계획은 사람을 붙였다 떼었다 하시면서 자신의
뜻을 이루고 계신다.

고집스럽게 20년을 데리고 오시면서 성령 충만 비결
세 가지를 가지고 씨름하게 하셨고 모질게도 패고 불에
넣고 물에 넣으면서 훈련시키셨다.

벧엘의 55명의 어린아이부터 노인에 이르기까지 모두를

그렇게 하신다.

"엘리 엘리 라마사박다니"

아버지 아버지 어찌하여 나를 버리시느냐고 울부짖으시는데도 예수님을 십자가에서 내려주시지 않으시고 우리의 죄사함을 위하여 죽이신 우리를 사랑하신 아버지! 저는 그런 고난도 아닌데 눈이나 끔쩍하시겠는가? 울부짖으며 고통하는 나를 보면 좋아서 웃으시는 아버지! 하늘과 땅은 거꾸로구나!

"너의 사명을 감당하리"
"무엇입니까?"
"아모스 예배당을 지어서 아 땅에 씻는 샘(슥13:1)을 여는 것이 너의 사명이니라! 이것을 짓는 것이 너의 살아있는 목적이니라!"

이 일을 하는 것이 너의 나라를 교회를 가정을 세계를 사랑하는 것이라며 사람이 감당할 수 있는 시험은 다 하신 듯하다.
무덤 속의 3년, 예수님은 3일이셨는데 나는 사람인데다가 얼마나 못났으면 그리도 길게 걸릴까?

이제는 패도 때려도 성도들이 나가도 아무런 감흥이 없다 끌려다니기만 한다.

하나님은 살아계시기 때문에 역사하사 미국에 계신 어느 목사님 사모님을 보내주셔서 산을 구입할 물질을 주셨다. 이제 앞으로 산을 매입하고 또한 아모스 3000평 예배당도 지어서 하나님께 영광 돌려드리고 여기에 몸과 물질을 드려 헌신하신 사랑하는 자들에게 반드시 거부되게 하시고 천대의 영육 복으로 갚으실 것을 확신한다.

"주는 살아계신 하나님의 아들이시니이다." (마16:16)

• 아모스 예배당은 무엇인가?

첫째, 암3:7, 아모스 선지자처럼 하늘의 뜻을 알리면 받아서 따라하는 곳이다.

둘째, 요5:2, 베데스다의 연못이다.

그때 상황은 천사가 가끔 내려와서 물을 동할 때 빨리 들어가는 한 사람이 치료를 받았다.

아모스를 짓고자 하는 벧엘은 베데스다의 기능 연못인데 들어와서 씻는 모든 자(금식 하는 사람)가 병이 해결 받는 것 뿐 아니라 돈 문제도, 자녀의

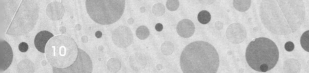

문제도, 가정의 문제와 삶의 모든 문제를 살아계신 하나님을 만나서(사58:9) 해결 받는 씻는 샘(슥13:1)이다.
"만군의 여호와가 말하노라 그 날에 내가 우상의 이름을 이 땅에서 끊어서 기억도 되지 못하게 할 것이며 거짓 선지자와 더러운 귀신을 이 땅에서 떠나게 할 것이다"(슥13:2)
이 말씀대로 이루어져서 이 땅에 평화가 오게 될 것이다.
"자유 민주주의 평화 복음 통일"을 반드시 이루어 주신다고 하셨다.
그래서 우리는 아모스를 지어 우리 모두가 씻어 우상의 이름과 거짓 선지자와 더러운 귀신을 몰아내고 새 나라와 새 교회 새 가정을 만들어 하나님께 이 민족을 거룩하게 돌려 드려야 한다.
우리 예수님께서 이 민족을 반드시 그렇게 만드시겠다고 약속하셨다.
금식을 포기하지 않고 하나님 기뻐하는 금식을 하고 사랑하는 자들에게 시켜주면 나는 포기하지 않았고 아버지도 나를 포기하게 내버려두지 않으시고 데리고 와 주셨다.

이제 이일을 이루시고 영광 받으실 날을 기대하며
오늘도 금식을 선포한다.

날마다 주의 이끌림 받아 배운 성령 충만 받는 세 가지의
비결을 한 곳에 모아 주께 드린다.
사랑하는 종들(목사)과 백성들이 보시고 자신들의 삶에
접목하여 영.육이 잘되시기를 예수 그리스도의 이름으로
축복한다.
내 할 일을 이 땅에 모두 이루어 드리는 평안함이 이 밤에
하늘에서 내림을 감사하며 내 아버지 예수님 성령님을
사랑하며 사모함을 돌려 드린다.
이 땅에 살아있는 나의 목적은
오직! 예수 천당! 이다

2018. 6. 30.
벧엘에서 예수님의 종 **박이스라엘**

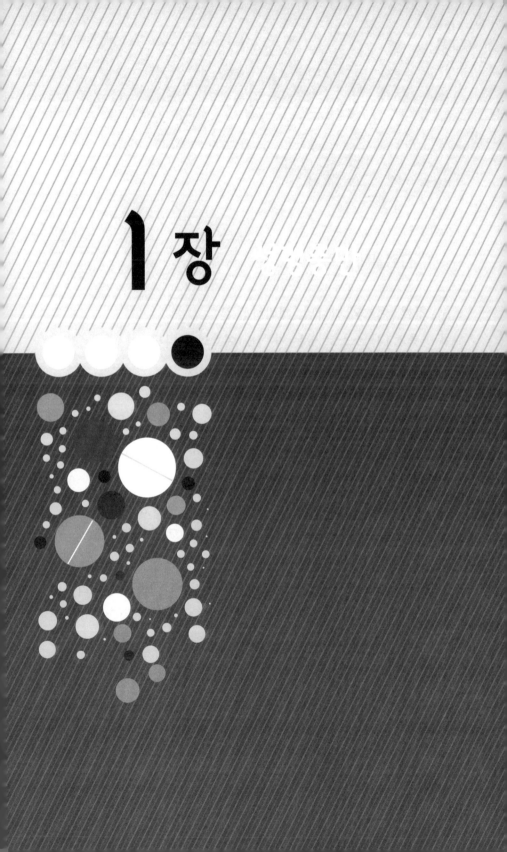

1장

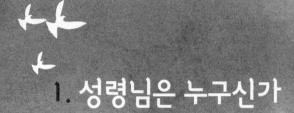

1. 성령님은 누구신가

1) 삼위일체의 하나님

첫째, 여호와 하나님, 계획하신 분
출3:14, 스스로 있는 자 16, 여호와 하나님
렘51:19, 만군의 하나님(대하18:18)
• 구약 : 여호와 하나님의 행전

둘째, 예수 하나님, 구원을 이루시는 하나님(요19:30)
마1:21, 자기 백성을 죄에서 구원
마16:16, 주는 그리스도시요 살아계신 하나님의 아들
롬8:3-4, 자기 아들을 죄 있는 육신의 모양으로 보내어
막 16:19, 하나님 우편에
사9:6, 그 이름은 기묘자라 모사라 전능하신 하나님이라.
구원의 하나님, 행2:21, 3:6, 4:12, 15:11, 16:31
• 신약 : 예수 하나님과 그의 제자들의 행전

셋째, 성령 하나님, 도우시는 분, 어머니 같은 분(창27:13,
갈4:26)

요일5:20, 그는 참 하나님이시요 영생이시니라.

요14:16, 보혜사 성령, 마10:20

그리스도 : 율법의 저주를 감당하시고 우리의 원죄를 속량해
         주신(히9:15) 중요하고 귀하신 이름, 성령의 다른
         이름(마1:1)

• 신약 중 : 성령행전, 행2:21, 3:6, 4:12, 15:11, 16:31

• 계시록 : 신부행전. 계1:6, 5:10, 19:7-8, 21:2, 22:17

   창세기1:26, "우리가" 라는 단어는 창세기부터 이 세 분은
함께 계셨다.

예수 그리스도께서 우리를 위하여 십자가를 지시고 우리를
그의 피로 구원해 주셨다.(계1:5)

우리가 예수를 믿으면 하나님이 내 아버지가 되신다. (요1:12)

구원된 자신의 자식을 위해서 친히 임마누엘로(사7:14) 임하신
하나님이 성령 하나님이시다.

예수님께서 돌아가신지 삼일 만에 살아나셔서 승천하시고
일으키신 몸을 성전삼아 오신 분이시다. (마26:61, 요2:19)

하나님의 뜻 이루실 때에

• 세례요한의 아버지 사가랴 제사장(눅1:18-23)은 믿지
않으므로 벙어리가 되었다.

• 마리아는 주의 계집종으로서 믿음으로 자신을 드렸고

(눅1:38) 요셉은 현몽하신 하나님께 순종하여(마1:20) 늘 꿈으로 지도하셔서 이끄셨고 예수님을 보호케 하셨고 우리의 구세주를 본 사역을 하실 때까지 보호할 수 있었다.

하나님은 과연 우리가 어떻게 하길 원하실까?

2) 나만을 위한 나의 하나님

모두 자신의 아버지와 어머니가 따로 있듯이 여호와 하나님은 전 세계의 하나님 아버지이시고 예수님을 믿는 우리에게는 성령하나님은 나의 어머니이신 것이다.

남의 어머니 아버지는 나하고 아무 상관이 없다.

내가 어려움 당했다면 남의 부모는 나를 가엾이 여기고 돈을 조금 줄 수 있고 몇끼의 밥을 먹여줄 수 있고 돈을 조금 줄 수 있다 그러나 나의 부모는 자신의 모든 것이 나의 것이다.

내가 어려움 당하면 내 부모는 자신의 모든 것을 털어서 해결하신다. 남의 부모는 모금해서 몇푼 보태준다. 이와 같이 성령님은 나의 하나님이시며 나의 아버지이시며 나의 어머니가 되신다. 이땅에 예수님만 믿고 성령님을 모르신다면 의붓아버지 밑에서 얻어먹는 것 같고, 성령님을 충만으로 모시고 사신다면 대통령이 내 아버지요 어머니가 되시는 것이다.

성령님을 알고 하나님을 섬기는 것과 모르고 섬기는 것은 하늘과 땅 차이가 있다는 것이다. 모두 이 사실을 아시고 하늘의 공주와 왕자로 사시기를 원한다.

2. 성령님을 내 안에 모시는 방법

베드로가 가로되 "너희가 회개하여 각각 예수 그리스도의 이름으로 세례를 받고 죄 사함을 받으라 그리하면 성령을 선물로 받으리니(행2:38)

1) 예수님을 믿고
2) 회개하고
3) 물세례 받고
4) 죄사함 받으면
5) 성령을 선물로 주신다

1) 예수님을 어떻게 믿게 될까?

❖ **자신의 아들을 죽기까지 내어주신 하나님의 마음**

우리는 모두 하나님의 자녀이다. 믿는 자나 믿지 않는 자나 모두 그러하다. 그러나 아담으로부터 원죄가 내려오면서 아무리 짐승을 잡아 제사 드려도 여전히 죄 속으로 들어가 버리는 백성들은 이웃 나라들을 통하여 전쟁으로 괴롭히고 어렵게 하면 다시 돌아오기를 반복했다. 말라기서 4장을 보면 지치신 아버지의 모습이 보인다. 내가 호렙에서 모세에게 명령한 법 곧 율례와 법도를 기억하라고 하셨다. 크고 두려운 날이 이르기 전에 엘리야를 너희에게 보낸다고 하시고 세례요한을 보내셨다.(마11:14) 이 사람은 예수님을 증거할 사람이었다.

"그가 아버지의 마음을 자녀에게로 돌이키게 하고 자녀들의 마음을 그들의 아버지에게로 돌이키게 하리라 돌이키지 아니하면 두렵건대 내가 와서 저주로 그 땅을 칠까 하노라 하시니라"

우리가 받아야 할 저주를 우리 예수님께서 친히 담당해주시고 이 땅(사람)을 치지 않도록 해주셨다. 성령께서는 우리의 마음을 아버지께로 돌아가게 해주시고 아버지의 마음도 우리에게 돌아오게 해주신다.(말4:1-)

우리는 아버지의 사랑이며, 노래이며, 아픔이다.
자신이 지으셨지만 자신이 지배하지 못하는 영혼들이 많다. 사탄에게 내어준 바 된 종들과 백성들이 너무 많은 것이다.(눅13:16, 고전5:5, 딤전1:20, 5:15)
사탄에게 내어준 행위도 있다.(롬1:23-32)
롬1:23 "썩어지지 아니하는 하나님의 영광을 썩어질 사람과 새와 짐승과 기어다니는 동물 모양의 우상으로 바꾸었느니라"
 • 사람을 높이는 것(썩어질 사람)
 • 새와 짐승과 기어다니는 동물의 모양의 우상(이 땅에서

하나님을 섬기면서 앞세우는 돈, 사람, 건강, 가정 등)

하나님을 높여야할 자리에 사람을 높이고,

하나님 앞에 무엇도 두면 안 된다는 것을 알면서도 육신에게 져서 빚진 자의 자리를 벗지 못하는 우리(롬8:12)의 모습 때문에 인격이 나빠졌다는 것이다.

그것을 상실함에 버렸다고 말씀하신다. "불의, 추악, 탐욕, 악의가 가득한 자요, 시기, 살인, 분쟁, 사기, 악독이 가득한 자요 수군수군하는 자요 비방하는 자요 하나님께서 미워하시는 자요, 능욕하는 자요 교만한 자요 자랑하는 자요 악을 도모하는 자요 부모를 거역하는 자요 우매한 자요 배약하는 자요 무정한 자요 무자비한 자라 그들이 이같은 일을 행하는 자는 사형에 해당한다고 하나님께서 정하심을 알고도 자기들만 행할 뿐 아니라 또한 그런 일을 행하는 자들을 옳다 하느니라" (롬1:28-32)

이런 일을 하게 놔두셔서 나쁜 행동을 하게 되었다는 것이다.

❖ **우리는 언제인지 모르게 택한 바 되어 하나님을 믿게 된다.**

어떤 사람은 어떤 사람의 끝없는 기도를 통하여,

나 같은 사람은 자신이 죽게되었을 때에 하늘을 바라봄으로

어떤 사람을 죽음은 통과한 이후에 바로 하나님 밖에 모르는 사람으로 바뀌게 되고,

어떤 사람은 어떤 사람의 끈질긴 전도에 의해서 되고 있다.

이 모든 것은 하나님께서 자신의 자녀들을 지옥과 죄의

근원자인 사탄 마귀 귀신의 손에서 건져내는 방법이며, 전도의 미련한 방법으로 구원하신다고 말씀하셨다.(고전1:21) 우리는 미련한 방법이든 지혜로운 방법이든 예수님을 믿고 있다는 그 자체만으로 최고의 행복이다. 내가 이 땅에서 죽어서 눈을 떴는데 영원한 불 속에 떨어졌다고 생각을 해보라!

얼마나 끔찍한가! 나는 날마다 행복하다. 이 땅에 부족도 많고 욕도 많고 질책도 많다. 그러나 이 땅은 어차피 잠시 거쳐가는 곳일 뿐, 영원히 사는 세상을 가기 위해서 이 땅에서 육신을 벗고 섰을 때 그곳이 어디냐는 것이다. 예수님을 믿어 이 땅에서 온갖 수모와 아픔과 고통 속에서 살았다 할지라도 그 곳 천국에서 눈을 뜬다면 이 땅의 시름은 잠시 잠깐일 뿐이다. 얼마나 행복한가! 그래서 나는 날마다 웃는다. 누가 때리든 꼬집든 욕하던 상관없다. 욕하면 욕 안 얻어먹게 고치면 그만이고, 잘못 한다고 하면 최선을 다해서 고치면 된다. 그러다 안 되면 이또한 그만이다. 나는 그냥 천국에 간다는 그것 하나로 족하다. 열다섯 번 죽었다 살아난 사람의 결론이다. 그렇다면 이 땅에서 왜 이렇게 아등바등 기도하고 애 쓰는가? 아버지께서 원하시는 일을 다 해드리기 위해서다 하다하다 못하는 것은 할 수 없다 할지라도 게으른 종이 되어서 해보지도 않고 안 된다고 한다면 자신의 육신을 이기지 못하는 것이다.(롬8:12) 내가 천국에 도착했을 때에 우리 예수님께서 맨발로 뛰어나오셔서 맞아주게 하려면 끝까지 최선을 다하는 것이 우리가 해야 할 일이다.

우리 하나님 아버지께서 나를 나도 모르는 사이에 택정하여 예수님을 믿게 되었다는 그 자체가 나의 소망이며 나의 힘이며 나의 기쁨이다.

2) 회개하고

이스라엘 백성들이 홍해를 건너와서 가나안에 들어가기를 애쓰듯이 우리도 회개해야 한다. 예전에 예수님을 모를 때에 지었던 죄를 모두 다 회개하고 돌이켜 이제는 성경을 배우고 익히며 하나님의 성경대로(법책) 살기를 위해서 노력해야 한다.

3) 물세례

하나님이 이스라엘 백성들에게 홍해를 건너게 하셨듯이 우리에게 물세례는 옛 구습과 조상들의 우상 숭배의 죄에서 물로 뿌려 우리를 정결케 하고 새 마음을 주시기 위한 방법이라고 (겔36:25-) 말씀하셨다.
예수님도 물세례 받으실 때에 성령이 비둘기같이 내리셨다. (마3:13-17)

4) 죄사함

이스라엘 백성들이 홍해를 건너서 가데스바네아까지 왔으나 그곳에서 다시 회정하여 광야로 갈 수 밖에 없었던 사건은 죄사함을 다시 생각하게 한다. 회개 한번하고 다시 반복되는 죄에서 벗어나 성경으로 돌아가는 것을 말한다. 성령님은 천국의 주인이시다. 이 분을 선물로 받았다면 죽어서 가는 천국만 있는 것이 아니라 이 땅의 천국도 이루어져야한다. 100%는 아니라도 치명적인 일들이 사라져야 하는데 사라지지 않는다.(돈 문제, 건강 문제, 자식과 가정의 문제, 레26:13-) 이것은 성령께서 우리의 삶을 천국으로 인도하지 못하고 계신다고 생각할 수 있다. 그들이 광야로 간 이유가 하나님을 믿지 못하고 사람을 보고 두려워하고, 환경을 보고 하나님의 일을 피해 버리고자 했기 때문이다. 우리의 입의 원망과 불평한 행위이다. 그 행위를 고치지 못해서 이미 광야에서 여러 번의 어려움과 죽음을 맛보았다. 그런데도 끝까지 원망하고 불평하고 믿어드리지 못하여 광야에서 20세 이상의 백성이(민14:26-38) 다 죽었다. 할 수 있다고 말했던 여호수아와 갈렙을 빼고 모두 다 죽었다.

그리고 이십 세 이하들이 살아서 여호수아와 갈렙 가문과 함께 들어갔으나 그들의 행위를 고치지 않고 도둑질하므로 여리고성 다음 아이성의 전쟁에 지게 된다.

이것은 우리에게 무엇을 말씀하고 계시는가?

죄사함은 행위가 성경대로 되지 아니하면 천국(영육)이 없다는 것이다. 이렇게 말하면 어떤 사람은 율법주의자라고 한다. 세상에 율법이 없으면 거울이 없는 것이다. 율법주의자가 아니라 율법의 완전은(마5:17) 성경대로 살아야 하고, 살려고 노력해야 한다는 것이다.

애써도 안 되는 분야는 주의 피로 덮고 넘어가야지 아무것도 해보지 않고 십자가의 우편에 달리셨던 강도같이 가려하는가 그에게 천국에 무슨 상급이 있겠는가?

- 율법을 가지고 사람을 판단하고 정죄하는 것은 율법주의 자요
- 복음은 율법을 어긴 죄인이 나와 너라 할지라도 그것을 용서하며 이해하고 고쳐주려고 노력하고 애쓰는 것이 십자가의 사랑인 것이다.

왜냐하면 예수님이 율법에 의해서 정죄 받은 나를 위해서 십자가 지셔서 율법의 요구를 이루어드렸기 때문이다.

율법의 완성은 사랑인 것이다. 허물이 없어서 사랑하는 것이 아니라 허물이 있어도 내가 내 육을 죽이고 그를 받아주고 사랑해주는 것이 예수님을 믿는 내가 해야 하는 행위인 것이다.

이것을 매일 훈련하여 날마다 십자가를 지고 행복하게 사는 것이 죄사함의 완성이라는 것을 깨닫는다.

- 한 가지의 예
  - 마26:7- , 막14:3- 절 이하에서 마리아의 옥합 사건이 기록되어 있다.
  - 자신의 전부인 재산을 예수님의 발에 붓고 그의 머리털로 예수님의 발을 닦았던 마리아에게 네 죄사함을 받았 노라고 말씀하신다.
  - 나의 인생의 생명(재산)을 드리고 예수님을 사랑하는

것이 죄사함 받는 행위의 하나라는 것을 설명하는 귀한 성경구절이다.

5) 성령을 선물로 주리니

성령은 천국의 주인이 내 안에 임마누엘(사7:14) 하신 것이다. 그래서 우리는 천국 같은 삶을 살아야 하는데 살지 못하는 이유를 찾으려 한다.

그 뒤에야 하늘이 움직여서 나에게 복을 주시고 이 땅에서 사람 구실하며 살 수 있는 길이 열리는 것이다.

우리가 예수 믿으면 반드시 천국에 간다. 그러나 이 땅에서 거지 나사로처럼 살다 가고 싶은 사람은 없다. (눅16:20) 왜 그렇게 해야 하는가? 거지 나사로는 자기 혼자 천국 갔다. 그러나 나사로가 부자로 살았더라면 그 부자도 전도해서 같이 갔을 것이다. 그러면 아브라함의 품에(눅16:22-30) 안겨있을까? 왜 우리가 하나님의 품에 안겨야지 아브라함의 품에 안겨야하느냐는 것이다.

이유는 모르겠으나 나는 우리 예수님께서 맨발로 나오셔서 나를 맞아 아버지의 품으로 인도해주실 날을 기대한다. 그래서 열심히 최선을 다하여 십자가의 사랑의 전달자 되기를 애쓴다 . 전도하고 영혼을 씻기는 원장으로서 최선을 다한다. 영혼들이 깨끗해져서 그들의 마음을 아버지에게 돌이키고, 아버지에게로 돌아가 영육천국이(영은 죽어서 천국에, 육은 이 땅에서 잘되어 영광 나타나는 것) 사랑하는 이들에게 주어지게 되기를

위해서 오늘도 최선을 다한다. (말4:6)

6) 성령님의 여러 가지 표현 (직임)

- **내 영, 하나님의 영** : 하나님 아버지 속의 영이라는 것을
  알리실 때(욜2:27, 행2:17, 롬8:9, 14).
- **성령** : 삼위일체의 한 분이라는 것을 말씀하실 때 (마1:18절
  외 82번 이상)
  "그 날에는 내가 아버지 안에 너희가 내 안에, 내가 너희
  안에 있는 것을 알리라"(요14:20) 삼위일체의 하나님 한
  분으로서 내 마음에 계시는 성령은 한 분이시지만, 세 분을
  뜻한다는 것(고전3:16,17)

그 외에도 여러 가지 표현 방법을 쓰신 것은 성령님의
사역적인 표현이며 쓰신 분들의 표현법이다.

- **진리의 영** : 나의 인생 길에 성경이 원하는 것, 가이오냐
  (영생 조건) 디오드레베냐 (영벌조건), (요삼1:1-
  9) 영생조건, 나의 간증 거리가 진리이다.
  참이며 이것이 진짜라는 것(요8:32, 14:6, 7,
  17, 16:13, 18:37, 요일5:6, 20, 요이1:3)
- **사랑** : 성령님이 아니 계시면 사랑을 할 수 없다는 것(고전
  13:1-13, 요일4;8)
- **은사** : 은사의 주인이시라는 것(롬1;11, 5;16, 6;23, 8;32,

12:6, 고전1;7, 24, 30, 12:31)

- **참 하나님** : 성경을 가지고 참된 길, 즉 행위의 복 받을 길, 영생의 길(마25:46)을 지도하시는 진리의 영 (요일5:20)
- **생명** : 살아계시다는 것(요14:6, 롬8:2, 요일5:11외)
- **생수(샘물)** : 우리에게 없어서는 안 되는 분, 생명의 근원 자 (요4:14, 7:38) 물과 성령으로 거듭나면 (요3:5) 우리 속에 수정같이 맑은 물로 임하신다는 것(계22:1)
- **영생** : 영원한 생명이라는 뜻(요6:68, 10:28, 12:50, 롬6:28, 요일5:20외)
- **보혜사** : 사람을 보호하며 은혜 중에 가르치신다는 것 (요14:16, 26, 16:7)
- **주의 영(예수의 영)** : 예수 안에 계시다는 것(행16:7, 고전3;17)
- **신령** : 신실하신 영(롬2:29, 고전15;44), 2;15, 9:11, 갈6:1, 엡1:3, 벧전2:5)
- **기름** : 감람유와 기름 사람의 인격으로 나타나는 성령 역사등급(삼상24:6, 요일12;20, 27, 계6:6)
- **너희 안에 행하시는 이는 하나님이시니** : 아버지 속에 영이라는 것(요14:20, 빌2:13)
- **그리스도 예수 안에 있는 생명의 성령의 법**(롬8:1,2) :
  - 생명 : 살아있다
  - 성령 : 내 이름이다

- 법 : 나는 말씀의 법을 가지고 있다는 뜻(롬8:1-2), 죄와 사망의 법에서' 해방하셨다는 것은 먼저 예수님께서 십자가 지심으로 우리가 믿음으로 사망의 법에서 해방되어 생명이신 성령을 우리에게 보내셨으므로 천국을 가게 되고 두 번째는 우리의 죄가 깨달아지지 않아 회개하고 고치지 않으면 사망의 법(사마귀)이 우리 속에 들어와 사망을 (돈, 건강, 자식, 가정이 안됨, 레26:14-) 낳고자 할 때 그런 행위를 하고자 할 때 유덕하게 대처하게 하여 말씀의 법 안으로 사로잡아 주시는 일을 생명의 성령의 법, 말씀의 법을 가지신 성령께서 하신다, 성령을 기름으로 표현하신 이유(계6;6) 기름은 그릇의 모양대로 변하기 때문에 유덕의 주인이시기도 하다.(잠11:16)

• **살과 피** : 말씀과 성령(우리의 생명의 근원이라는 말씀), 요6:54, 5:6-8

• **선물** : 롬5:12-21,
  - 행2:38, 성령의 선물을 받으리니
  - 행8:20, 하나님의 선물을
  - 행11:17, 믿을 때에 주신 것과 같은
  - 엡3:7, 은혜의 선물
  - 엡4:7,8, 그리스도의 선물의 분량대로
  - 약1:7, 온전한 선물

• **포도주** : 마9:17, 막2:22, 눅5:37-39
  - 포도주는 성령

- 가죽부대는 몸 뜻

해석은 몸을 건강하고 튼튼하게 만들어야 성령 충만을 이룰
수 있다는 것

- **그리스도** : "그리스도께서 우리를 위하여 저주 받으신바
되사…"(십자가 사건) 우리 죄를 속량하셨다.
속량해주신 그의 직함이시다. 성령의 가장
중요한 직함이시다. (갈3:13)

여호와이신 아버지 성함처럼 고유의 성함이시다. 성령으로
부르지 그리스도라고 잘못 부른다. 우리의 부모의 성함을
함부로 부르지 못하듯이 우리의 영이 그것을 알고 있다.

❖ <mark>예수님의 십자가는 원죄를 속량하셨다.</mark>

- 롬5:12-21, 첫 사람 아담의 죄로 말미암아 많은 사람이
죄인이 되어 사망이 왕 노릇하게 되었다.
  - 하나님의 은혜 또한 한 사람 예수 그리스도의 은혜로
  말미암아 많은 사람에게 선물이 넘치게 되었다는 말씀
  - 아담으로부터 내려오는 죄가 사망 안에서 왕 노릇한
  것같이 은혜도 또한 의로 말미암아 왕 노릇하여 우리
  주 예수 그리스도로 말미암아 영생에 이르게 하려
  함이라.(21)

- 히9:15, 이로 말미암아 그는 새 언약의 중보자시니 이는 첫
언약 때에 범한 죄에서 속량하려고 죽으사 부르심을 입은

자로 하여금 영원한 기업의 약속을 얻게 하려 하심이라.

- 예수님 : 육을 가지시다
  - 그리스도 : 신이시다는 뜻

- 원죄, 목욕한 자(요13:10)

- 자범 죄, 발 닦기
  - 예수님의 십자가는 아담으로부터 내려오는 원죄를 속량하시고 생명나무의 길을 터주셨다.(창3:24- , 계22:2, 14)
  - 그래서 우리는 예수님의 은혜의 생명이신 성령을 마음에 모실 수 있고 예수님의 영이신 성령으로 말미암아 영생의 길을 갈 수 있다.(마19:29, 25:46, 요5:24, 6:51, 17:3, 롬2:7, 6;23)

❖ **성령이 어머니라는 성경 :**

창27:13, 야곱의 어머니, 자식을 위하여 저주를 자처한 어머니
갈4:26, 예루살렘의 어머니

- 단어가 통합되면 진리가 하나 되고 각각의 진리 곧 은사로 나타나는 성령을 인정하게 된다.
  - 나라도 교회도 회사도 가정도 하나 되어 평화가 온다.

- 단어 통합의 예) 비슷한 말을 이해하게 되면 사람을
  이해하고 인정하게 된다.
  - 거룩, 성결, 깨끗,
  - 계시, 환상, 예언, 꿈, 본 것 등
- 흉악의 결박(사58:6), 사탄, 마귀, 귀신, 철장, 계2:27,
  12:5, 19:15

그 외에 많은 비슷한 단어들을 이해하며 말의 소통이 이루어져
성령으로 하나 되길 원한다.

3. 성령 충만 받는 방법

1) 성령 충만이란 무엇인가?

때가 되어 하나님 아버지의 은혜가 내릴 때에 우리는 예수님을 믿게 된다. 회개하고 물세례 받고 죄 사함 받으면 성령이 선물로 주어진다.

성령님은 마태복음 25:1-11절에, 기름으로 표현되고 요한복음 3:1-5절에는 물로 표현된다.

성령을 받았는데 때가 되면 기름은 닳아서 없어지고 물은 더러워진다. 그러므로 때가 되면 성령의 힘이 약해지고 내가 살던 육신의 방법대로 살게 된다.

성령 충만이란?

성령의 힘이 센 상태를 말씀하신다. 우리의 육신도 건강하고 기분이 좋으면 힘이 세고 피곤하고 아프면 힘이 약해지듯이 성령님도 기름이 닳고 물이 더러워지면 충만이 떨어진다. 육체의 힘도 약해지고 피곤하고 기도하고 싶지 않고 짜증나고 목사님도 싫어지고 자꾸 트집을 잡게 된다. 이러한 상황을 성령 충만이 떨어졌다고 한다.

우리는 두 영에게 내 몸이 제공된다.

2) 하나님의 치리법

– 대하18:18(미가야가 본 하늘, 400:1의 선지자)

순종, 생명의 성령의 법(롬8:2)	불순종, 죄와 사망 법
우 (빛)	좌 (어둠)
천사(순종자)돕는 영(히1:7,14)	· 사마귀(불순종자 치리 사자) 죄의 근원자
· 성령 내주, 복의 근원자 (천국의 주인) · 아8:6, 인친 자 · 고전6:19, 성령의 전이 되다 · 사자, 마1:20 · 레26:1-1 돈, 건강, 자식, 가정의 문제가 잘 된다.	· 창3:14,15, 뱀에게 저주 · 사14:12-20, 너 아침에 아들 계명성이여 · 고후10:4, 강력한 진으로 · 욥1:6, 2:1, 참소자 · 계2;10, 시험자 · 행7:42, 43, 하늘 군대 섬기는 일에 버려 · 엡2:2, 불순종의 아들들에게 역사하는 영 · 삼상16:4, 하나님이 부리시는 악신 · 욥1:6, 사탄도 온지라 · 사자, 마25:41 · 레26:14- 돈, 건강, 자식, 가정의 문제들이 생긴다.

- 위의 미가야 선지자는 본 사람이다. 그래서 꿈이나 환상으로 보는 것이 이렇게 중요하다.
  - 요한 사도도 하나님 말씀과 예수 그리스도의 증거 곧 자기가 본 것을 증언하셨다. (계1:2)

위의 표와 같이 우리는 하나님께서 주신 성경에 의해서 순종과 불순종에 의해서 치리당하고 있는 것이다. 순종하는 자에게는 천사가 와서 좋은 것을 갖다 주고 불순종하는 자에게는 나쁜 삶을 갖다 주는 것이다. 그래서 우리 몸에는 두 영이 왔다 갔다 하면서 순종하는 자와 불순종하는 자를 치리하고 계신 것이다.

- 응답1개 : 우리의 인격을 순종과 불순종으로 나누어 불까요(롬12:1)

그래서 우리는 성령 충만 받아 내 생각이 아닌 아버지의 생각으로, 내 힘이 아닌 성령님의 힘으로 살아갈 수 있도록 성령 충만을 받아야 만이 반드시 죽을 길에서 살 수 있는 길이 열린다. (롬8:12)

- 아버지의 고통 : 복을 주고 싶은데 못주시는 것(민6:23-27)
- 사람의 고통 : 복을 받고 싶은데 안 받아지는 것(창32:26-29, 야곱, 27:34- ,에서)

우리가 성령 충만 받아 하나님의 마음을 알아지기까지 많은 것들을 삶을 통하여 배우고 익히게 된다.

복이라면 무엇이 최고의 복일까?

돈이 없는 사람은 돈이라고 할 것이고, 건강이 좋지 않은 사람은 건강이라고 할 것이고, 자녀들이 문제가 있는 사람은 자녀들이 잘되는 것이 복이라고 할 것이고, 가정에 문제가 생긴 사람들은 가정이 평안해야 한다고 할 것이다.

우리는 감사를 모르고, 없는 것만을 추구하면서 원망하고 불평하면서 살고 있었다. 나는 가난의 저주가 아주 심하여 어렸을 때부터 고통하였고 목회 중에도 가난의 영 때문에 먹고 사는 것은 겨우 해결되고 사역의 어려움이 돈이었다.

어느 날, 이곳에 옮겨져서 아버지의 살림을 맡게 되었다. 사람들이 와서 금식하고 만원씩, 2만원씩 5만원씩 헌금하여 주고 간다. 그걸 가지고 살림하는 가운데 한 분이 오시길래 '이분은 얼마를 가져오셨을까?' 생각하고 밤 12시 기도 시간에 가서 앉으니까 그 일을 생각나게 하시더니 엄청나게 부끄럽게 만드셨다.

우리는 돈을 많이 가지고 많은 일을 한다. 선교를 하고 돕고 이름을 내기도 하고 만족을 가지기도 한다.

그런데 이날 나에게 묻는 말씀이

"너는 내 영혼이 올 때에 돈을 생각하는구나! 그는 내가 죽어서 샀는데 내 피 값인데"

얼마나 부끄러웠는지 모른다. 앉은 자리를 파고 들어가고 싶은 정도의 부끄러운 생각이 들었다.

아버지께서는 자신의 아들을 죽이실 때에 고통을 당하시고,

예수님은 그 무서운 십자가의 형벌을 통하여 우리를 죄에서 구원해 주셨는데 나는 그의 호주머니의 돈을 생각했다.

그 부끄러움은 지금 다시 생각만 해도 진땀이 난다, 그 후로 나는 더 어려워졌다. 십일조를 드리는 사람도 없는 기도원 인데다가 헌금에 대한 이야기를 못하다 보니 더하였다.

그런데 행복해졌다. 아버지께서 기뻐하셨기 때문이다. 오로지 영혼이 깨끗해져서 예수님의 신부로 서서 주의 기쁨되기만을 원했기 때문이다. 이 일이 습관이 되다 보니 더욱 행복해졌다. 우리가 돌보고 있는 영혼이 예수님의 피 값이었다는 것이다.

"얘야!"

"네!"

"너는 자식을 어떻게 낳았지?"

"연애하고 결혼하고 해서 낳았어요"

"나는 내 아들을 죽여서 너를 낳았다"

"언제 아버지가 저를 낳았어요? 우리 엄마가 낳았지"

시2:7, "내가 여호와의 명령을 전하노라 여호와께서 내게 이르시되 너는 내 아들이라 오늘 내가 너를 낳았도다" "엉! 정말 낳으셨네"

우리는 부모에게 사랑받아야만 하나님의 사랑을 안다고 한다. 절대 아니다.

내가 부모가 되어 자식을 사랑하는 마음을 알고 나서야 하나님의 사랑을 진실로 알게 된다.

주고 주고 또 주고 주고 싶은 것이 부모의 마음이다. 그런데 나는 없어서 줄 수 없다.

그러나. . .

나는 없어서 못주는데 나를 사랑하신다는 하나님은 있는데도 왜 안주시는 거지?

나보다 나를 더 잘 아시고 나보다 나를 더 사랑하셔서 자신의 아들을 내어주셔서 내 대신 죽게 하시고 나를 낳았는데 말이다. 이것이 성경을 알아내는 데에 키가 되었다. 문제가 있구나! 우리가 복을 못 받는 것이. . . .

그래서 연구한 것이 자꾸 책으로 나오게 되는 것이다.

여섯 번째 책이다.

3) 성령 충만을 원하시는 아버지의 마음

이곳에 온지 얼마 안 되어서 21일 금식을 하게 되었다. 이유는 형제들 때문이었다. 다른 사람들은 잘못하면 가버리면 그만인데 목회가 뭔지도 모르는 사람이 목회를 한다고 하니 오죽했겠는가! 다시 생각해봐도 아찔하다. 언니, 오빠가 보기에 얼마나 안타까웠겠는가! 15년 후인 지금은 모두 이해 하지만 그때는 언제나 내가 잘나고 내가 잘한다고 생각하는 어린아이 때였기 때문에 그런 어른스러운 생각을 할 수가 없었다. 날 욕했다고 들으니 화가 나서 금식했다. "아버지! 40일 금식하게 해 주세요 힘들어요" 했더니 꿈에 예수님께서 콩나물 두 개, 한 개를 어긋맞겨 들고선 먹으라고 하신다.

손을 치워버리고 내가 집어서 먹는다. 그러고는 금식에 들어갔는데 3일 하려고 했는데 생각할수록 화가 나서 21일을 하게 되었다. 예정에 없는 금식을 하다 보니 늦가을이 되어서 배추 심어놓은 것이 얼어서 버리게 되었다. 하는 수 없이 금식 끝나서 하루 먹고 김장 700포기를 하게 되었다. 3일쯤 지나고 내 몸이 이상해서 보니까 다리가 너무 부어서 옷이 올라가지도 내려가지도 않는다. 머리는 너무 부어서 짐승처럼 되어있었다. "이제 죽었구나!" 생각했다. 그래도 김장은 해야 한다. 아이들과 사랑하는 자들이 먹어야 하니까 해놓고 죽자 하고선 4-5일에 걸쳐서 모두 끝내고 나니까 안 죽고 부기가 내려있었다.

* 죽고자 하는 자는 살 것이요 살고자 하는 자에게는 죽을 것이라고 했는데(딤후2:11) 번번히 생명을 내놓으면 기적이 일어났다.

기도 시간에 하나님 아버지께서 '이제부터 보식을 충실하게 하거라' 하신다. 그래서 21일 동안을 충실하게 일하지 않고, 오락하지 않고, 보식을 했다.(사58:3) 끝나는 날인 듯하다.

2006년 1월 5일 밤12시 기도 시간이었다. 강대상에 쪼그리고 앉아서 기도하는 중, 비몽사몽 잠이 들었다. 그때 무엇인지 떼구르르 구르는 것이 있어 가만히 엎드려 들여다보니 엄지와 검지 손가락 두 개보다 더 큰 바퀴벌레 한 마리가

서 있었다. 그 바퀴벌레는 만화에서나 볼 수 있는 동그란 두 눈을 가지고 있었고 한 눈은 감고 한 눈은 뜨고 있었다, 너무나 신기해서 가만히 들여다보고 있었더니 내 뒤에 그의 아버지라는 분이 앉아 계셨는데 너무나 위엄있고 멋있는 분이셨다. 그 바퀴벌레의 아버지는 너무나 사랑스럽고 너무나 부드러운 음성으로 그 바퀴벌레에 대해 이야기를 하고 계셨다. 이 아이는 하루 종일 나를 위하여 이러저러한 일을 한다고 자랑하면서 세고 계시는데, 열 두 개 까지는 내가 세었고 그 다음에도 계속 말씀하고 계셨다. 그런데 그 바퀴벌레와 아버지 사이에 내가 앉아있었는데 아버지에게서 바퀴벌레에게 엄청난 전기가 흘러 약간 직선에서 벗어나 있는 나에게까지 전기가 막 흐르고 있었다. 나는 깨어나기 전에 이 바퀴벌레가 왜 한 눈을 뜨고 자는지에 대해서 자동으로 알 수 있었다. "아! 이 바퀴벌레는 아버지의 마음을 살피느라고 한 눈을 뜨고 자는구나" 하면서 일어났다. (바퀴벌레가 한눈을 뜬다는 말씀은, 늘 강대상에서 기도하다 잠든 내가 아버지 마음을 살피느라고 강대상에서 자는 것을 말씀하심)

그의 아버지는 "나는 이 바퀴벌레 하나로만 기뻐한다"는 사랑 가득한 음성이 나의 마음을 녹이고 있었다. 잠이 깨어나 앉아서 "아! 그 바퀴벌레가 나였으면 좋겠다"고 했더니 음성이 들리기를 "그 바퀴벌레가 바로 너야"라고 하신다. 그 음성을 듣고 기쁨과 감동이 넘쳐서 눈물이 범벅이 되어 표현할 수 없는 감동 속으로 빠져들었다. 그 순간 성령 충만 받는 방법들이 머릿속에 들어와 손에 펜을 들었다. 줄줄줄 써지면서 속이 메스껍고 토하면서 썼는데 나중에 보니까 성령 충만 받는 비결이었다.

① 말씀을 가지고 기도한다.
② 금식한다.
③ 인정한다.(꿈,환상으로 보여주신 것, 분별. 순종, 우리의 소망), 롬10:10

그 뒤에 뭔가를 계속 써내려 가는데 너무 힘들어서 "아버지! 제가 다음에 또 쓸게요 제발 멈춰주세요" 했더니 멈춰주셨고, 그 뒤로 설교할 때마다 조금씩 조금씩 깨닫게 하시다가 2008년에 이 책이 나오게 되었고, 지금은 세 번째 책 두 번째 증보판을 내게 되었다.
영계는 성경을 통하여 저 높은 곳을 향하여 조금씩 올라가며 계속 열리기 때문에 더욱이 재미있다.
다섯 권의 책을 쓰는 동안 원칙이 생겼다.
조금이라도 알아보기 쉽게 해서 내드리는 것이 내가 할 일인 것 같아서 다시 제정비하고 있는 중이다.
성령 충만은 아버지께서 원하시는 것이다.
사람들이 보기만 해도 손으로도 더럽다고 잡지 않고 발로 밟아버리는 바퀴벌레 같은 나, 버림받고 버림받을 수밖에 없는 나에게 하나님 아버지께서 찾아오셔서 전기를 얼마나 쎄게 주셨는지 나는 성령 충만이 아프지 않는 한 떨어지지 않는다.
지금도 강대상에 올라가면 얼마나 목소리가 큰지 내가 들어도 크다. 줄이려 해도 줄여지지 않는다. 그때에 바퀴벌레인 나에게 여호와 내 하나님 아버지께서 오신 것이 성령 충만의 기초이다. 이 책도 친히 써주셨다고 오셔서 도장찍어주고 가시면서 성령 충만의 반대편이 뭐냐고 물으셨는데 그것은 불같은 시험을 치른 2010년도에야 알아낼 수 있었다. 그래서 불시험이 나를 살리며 옛 구습을 버려야 한다는 것을, 옛 구습을 버려야 성령 충만이 온다는 말씀이셨다.

1990년 6월 1일에 이마에 맞은 도장 신28:10절 말씀, "너를 여호와의 이름으로 일컬음을 세계만민이 너를 보고 두려워하리라" 여호와 하나님이 바퀴벌레인 나에게 나타나셔서 성령 충만 받는 비결을 가르쳐주셨다. 그것은 나는 "너희들이 성령 충만 받길 원해"라는 소원을 주신 것이었다.

그뒤 계속적으로 지금까지 '성령 충만 받으라'와 '성령 받으라'를 배우며 익히고 있다. 요즘은 아버지 하나님을 섬기며 사랑하는 예수님의 신부가 되어 성령님의 도우심으로 행복하게 산다. 내가 여기에 소개하고자 한다.

4) 성경에 있는 성령 받으라와 성령 충만의 비교

성 경	마 25:1-11	눅 17:21	요 3:1-5
성령 받은 자의 모습 (행2:38)	등불		거듭남
성령 충만 받은자의 모습 (엡5;18)	등불과 기름 예비	너희 안에 있느니라	물과 성령으로 거듭남

예수님께서는 성령받으라 하셨고(요20:22)
사도바울은 성령의 충만을 받으라고 하셨다.(엡5:18)
우리는 예수를 믿어 성령이 오셨고, 이제는 성령의 충만을
받는 것이 우리가 해야 할 일이다.

5) 오신 예수님 : 성령님

오실 예수님 : 재림하실 예수님

6) 성령 충만한 사람의 나타나는 현상(엡4:32)

(1) 인격

친절하고 예의 바르게
불쌍히 여기며
하나님이 그리스도 예수 안에서
우리를 용서하심 같이 용서하라.

(2) 삶

돈, 건강, 자식, 가정문제가 잘 된다.

7) 옛것을 버린 우리의 아름다운 모습

인사, 옛것 : 얼마나 힘드세요

새것 : 할렐루야! 행복하시지요, 평안하시지요

8) 성령 충만하지 못한 사람의 모습

- 도무지 모른다. (마7;23) 성령 충만과 은사는 별개의 문제다. 성령 충만은 천국을 내 안에 모시고 사는 것이요, 은사는 성령님께서 주시는 도구중의 하나이다.(밭 메는 호미 하나를 받은 것) 성령 충만함과 은사가 함께 있다면 이것이야 말로 완전함이라 할 수 있겠다.
- 악한 종, (마18:32) 만 달란트 빚진 자가 탕감받았는데 자신은 백 데나리온 빚진 동료를 용서하지 못한 사람
- 게으른 종, 마25;26, 때를 따라 양식을 나누어 주지 못하고 술 취하여 동료 종들을 때리는 자 (상대를 흉보고 손가락질하고 욕하는 자, 그 손가락질을 나에게 돌려 나를 고쳐야 한다)
- 옳지 않은 청지기, 눅16:1-, 옳지 않은 일을 했지만 죄인으로서 사랑하는 자들을 돕고 남의 것에 최선을 다하여 옳다 인정함을 받은 종

2장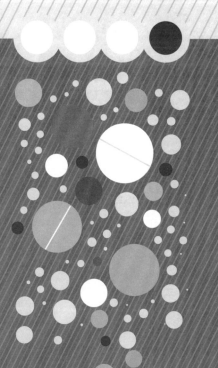

성령충만
비결

성령 충만 받는 **3**가지 비결

(거룩 법, 레19:2, 벧전1:16, 영혼을 씻는 법)

내려주신 성령 충만 비결을
성경에서 배우고 정립하게 하신 성령님의
노고와 은혜를 자랑한다

30%
하나님 기뻐하는
금식 (사58:6)

40%
꿈.환상
(순종, 분별) (행2:17)

말씀,기도 (딤전:4:5)
30%

% = 땅의 복 (돈, 건강, 자식, 가정 잘됨)

1. 말씀을 가지고 기도한다
(성령 충만의 30%)

1) 말씀

말씀이 육신이 되어 오신 예수님(요1:1)

우리가 예수님을 믿는다는 것은 말씀이 육신이며 그 자체이신 말씀대로 살겠다는 약속이다. 그런데 여기에 오류가 너무 많다. 설교는 듣는데 말씀은 읽지 않는다. 우리가 설교만 듣고 말씀을 읽지 않으면 편협된 사람이 된다. 설교는 그분의 은사에 의해서 열린다. 병고치는 은사를 가진 목사님은 병 고치는 말씀만, 지혜의 은사를 받은 사람은 지혜의 말씀만, 방언이나 통변을 잘하는 사람은 그쪽만 말씀 하신다. 성령께서 주시는 은사는 꽃의 색깔이 여러 가지듯이 자신의 색깔대로 성경이 열리기 때문에 빨강이면 빨간색만 노랑이면 노란 말씀만을 전한다. 그래서 우리는 설교와 함께 말씀을 읽어야 만이 그 말씀이 나에게 포괄적인 생각과 인생을 살 수 있는 길이 열린다. 40여 명의 기자가 성경을 쓰셨기 때문에 이미 40명의 설교를 듣는데 살아있는 생명의 말씀으로 나에게 오기 때문에 나의 인격뿐만이 아니라 목사님을 비롯하여 누구든지 어떤 색깔이든지 어떤 모양이든지 그대로 안을 수 있고 품을 수 있다.

그래서 우리는 말씀을 읽는 차원을 지나서 새기는 차원으로 가야한다. 우리의 마음속에 뼈 속에 금강석 철필로 새겨져 있는 성경이 아닌 것들을 (렘17:1-) 벗기려하지 말고 그곳에다가 다시 말씀을 새겨버리면 자연히 옛 것은 사라진다. 아무리 금강석 철필로 새겨졌다 할지라도 다시 금강석 철필로 새기면 되는 것이다. 그래서 날마다 정해놓고 성경을 읽는 것이 나의 옛것을 버리는 최고의 방법인 것이다.

하루에 자신의 시간을 정하고 10장, 20장, 30장, 40장 자신의 것을 만들어 나간다면 말씀이 생명이요 진리이며, 말씀이 내 발의 등이며 내 길의 빛이니이다(시119:105)라는 고백을 하게 될 것이다.

그 말씀이 나를 살리며, 달고 오묘한 말씀이 우주의 오묘함과 과학의 오묘와 모든 것에 대한 해답이 다 있다. 어느 단어 하나 없는 것이 있는가 찾아보라. 인생의 문제며 인생의 모든 것의 해답이 성경에 들어있다. 지구보다 크고 우주보다 넓은 것이 그의 주인 예수 그리스도이시다. 말씀은 곧 예수 그리스도이시다.(요1:1)

.나는 길이요 진리요 생명이니라(요14:6)

여기에서 나는 성경이요, 나의 가는 길에 진짜를 진리라고 한다. 성경대로 살아서 삶의 생명이 살아난(돈, 건강, 자식, 가정의 문제해결) 잘된 것을 이렇게 표현하신다. 좋은 간증의 아름다운 삶을 진리라고 한다.

2) 기도

(1) 기도해야 하는 이유

기도는 호흡과 같아서 기도하지 않는 것은 죄이다.
(삼상12:23) 우리가 예수님을 만나는 그 날까지 반드시 해야
하는 것이다.

그런데 우리의 기도의 모습이 너무나 육신적이라서 성경적인
기도의 모습이 필요하다. 나의 삶에 필요한 것과 부족한
것을 채워달라고 또는 내가 하는 일을 힘껏 밀어달라고
하는 것이 기도인 것처럼 되어버린 우리의 기도하는 모습을
아버지는 짜증나 하십니다.

기도는 회개입니다.(마3:2, 회개하라 천국이 가까이
왔느니라)

지난 날의 잘못 살았던 인생을 회개하고,

마태복음 6:5-15절의 말씀처럼

첫째, 하늘에 계신 우리 아버지여 이름이 거룩히 여김을
받으시오며 나라가 임하옵시며 뜻이 하늘에서 이룬 것 같이
땅에서 이루어지이다. 거룩하신 하나님은 내가 거룩하니
너희도 거룩하라 하십니다.(벧전1:16)

거룩한 사람에게 하나님의 나라인 성령이 내주하셔서
하나님의 나라가 내 마음에 임하십니다. 하나님 아버지의
모든 뜻이 이 땅에서 이루어 질 때에 먼저 하늘에서
이루어져야 만이 땅에서 이루어집니다. 꿈·환상으로
보는 것이 중요한 것은 우리가 기도하고 애쓰는 것이

과연 하늘에서 어떻게 받아드려지고, 어떤 진행을 통해서 이루어져가고 있는 것을 보는 것입니다. 하늘에서 완성되었다고 보여주시면 땅에서 이루어집니다.

① 일용할 양식을 구하는 겁니다. 오늘 먹고 입었으면 걱정하지 말라는 것입니다 우리의 하루살이 나그네 길은 먹고 싸고 씻고 닦고 자는 것 외에 무엇을 하느냐고 물으셨다.

② 죄 지은 자를 사하여 준 것 같이 우리의 죄를 사하여 주시옵소서. 내가 먼저 그를 용서해야 하나님께서 나를 용서해주신다는 말씀입니다.

③ 우리를 시험에 들지 말게 하시옵고, 얼마나 시험거리가 많으면 이렇게 말씀 하셨겠는가? 나하고 맞지 않는 모든 것은 시험거리이다. 그러니 나하고 맞지 않는 모든 것을 이해할 수 있는 삶의 폭을 갖는 것이 시험을 면하는 방법입니다. 그것은 성령 충만 안에 있다. 기름(마25:1-) 물(요3:1-5) 은 세모와 네모와 동그라미의 모양대로 자신의 모양을 바꿉니다.

⑤ 악에서 구하시옵소서, 나를 악에서 구해주시지 아니하시면 우리는 헤어날 수 없는 죄악 속에서 살 수 밖에 없습니다. 그래서 늘 구해야합니다.

이것이 기도의 길이며 문입니다.
계22:14절에는 "문들을 통하여 성에 들어갈 권세를 받으려

함이로다"

요10:1 "내가 진실로 진실로 너희에게 이르노니 문을 통하여 양의 우리에 들어가지 아니하고 다른 데로 넘어가는 자는 절도며 강도요 문으로 들어가는 이는 양의 목자라"

이 말씀은 문이 있는데 거기를 들어가야 성에 가며 그 문을 통해서 들어가야 만이 양의 목자라고 하십니다. 그문은 법이며 말씀이라는 뜻입니다. 기도하는 데에도 법이 있고 금식을 하는데에도 법이 있고 문이 있다는 것입니다. 문을 즉 말씀의 법을 통과하지 않으면 절도요, 강도라고(요10:1)합니다. 내 맘대로 해서 되는 것이 아니라는 것이지요 말씀이 원하시는 방법을 터득해야 된다는 것입니다.

세상에서 살다보니 돈이 필요하지요. 그런데 돈을 목적으로 두고 살아가는 자는 결코 그 돈이 나를 행복하게 할 수 없었습니다. 돈이 삶에 필요한 수단은 될 수 있으나 삶에 목적이 거기에 있어서는 안 된다는 것입니다. 우리는 다만 하나님의 영광을 위해서만 있는 것입니다.

솔로몬의 구함은 장수도 부도 원수의 생명을 벌하기도 구하지 아니하고, 오직 송사를 듣고 분별하여 백성들을 잘 살필 수 있는 지혜를 구하였으니 지혜롭고 총명한 마음을 주시고, 그 외에 것도 다 주셨다고 하셨습니다.(왕상3:4-13).

이 순서를 바꾸면 안 된다는 것입니다.

(2) 주의 종 목사님들은 세 시간 이상의 기도

백성들은 한 시간 이상, 주의 종들은 세 시간 이상 밤에 기도해야 합니다. 밤에 양 떼를 지키던 목자들이 예수님을 가장 먼저 만났듯이(눅2:8), 우리도 밤에 기도하면 살아계신 예수님을 만날 수 있습니다.

(3) 밤에 기도해야 하는 이유

야곱이 얍복 강가에서 천사와 씨름하는 사건이 나타납니다. 밤에 야곱과 씨름하던 천사가 "날이 새려하니 나로 가게 하라"라고 한 사건으로(창32:26), 영은 밤에 움직이는 것을 알 수 있습니다. 사단도 밤에 많이 활동할 것으로 예상됩니다. 그래서 우리가 밤에 기도할 때에 사단과의 싸움이 벌어지고 거기서 자동으로 능력이 길러집니다. 권투 선수가 스파링 연습을 열심히 하면 챔피언이 되듯이 영과의 씨름이 우리에게 능력을 가져다주게 되는 것입니다. 얍복강가에서 하나님과의 씨름은 야곱의 일생을 변화시키는 밤이 되었으며 이스라엘로(승리자, 하나님과 겨루어 이겼다) 이름으로 바꾸어졌습니다.

"네가 하나님과 및 사람들과 겨루어 이겼음이니라(창32:28)"

우리가 아무리 힘이 세다고 하나님을 어떻게 이길 수 있겠습니까? 해보겠다고 아버지를 붙들고 늘어지는 사람에게 천국이 침노당해 주는 것입니다.(마11;12)

저도 삼각산에서 밤12시에서 새벽4시까지 부르짖어 기도할 때에, 바람결에 "이스라엘아 이스라엘아 이스라엘아 내가 너에게 세계에서 가장 아름다운 옷을 입히리라. 세계 만민이 그 옷을 부러워하리라." 신28:10절의 말씀을 이마에 찍으신 것이 1990년 6월1일이었는데, 그 뒤 7년후였습니다. 거지가 되어 삼각산에 선 저에게 이런 말씀을 주신 것은 저를 버리지 마시고 구원해 달라고 부르짖는 간절한 기도 후에, 이와 같이 성경의 야곱처럼 저에게 이스라엘이라는 이름을 부쳐주시고, 만민이 너를 두려워할 것이라고 하시더니 나의 아름다운 옷을 부러워할 것이라고 하셨어요. 그 옷이 바로 제사장의 옷이며 예수님의 신부의 옷이라는 것을 많은 시간 속에 배우고 익히며 알게 되었답니다.

나를 간절히 찾는 자가 나를 만날 것이니라.(잠8:17)
낮에는 일하느라고 바쁘고 분주하여 아버지의 음성을 잘 들을 수 없습니다. 우리가 세미한 소리는 시끄러운 낮에는 들을 수 없고 적막한 밤의 고요 중에 들리듯이 우리 예수님과의 만남은 조용한 밤이라야 기도가 깊이 들어갈 수 있고, 온전한 만남이 이루어지는 것을 볼 수 있습니다. 새벽은 밤12시부터로 봐야합니다.

우리 인생의 밤도 마찬가지입니다. 광야 생활이라고도 합니다. 별은 밤에 보입니다. 우리가 별과 같이 빛나는 사람으로 성장할 수 있는 것은 밤과 같은 어두움이 나에게 왔을 때에 또 다른 능력의 하나님을 모두 만났고 만날 수 있다는 것이 진리입니다. 그래서 우리가 물론 조용한 시간이 되면 새벽 기도도 다녀야겠지만 늘 성경 읽고 하나님과 가까이 할 수 있는 시간을 스스로 만들어서 가진자 만이 하늘에 별과 같이 빛나는 사람이 될 줄로 압니다.

"지혜있는 자는 궁창의 빛과 같이 빛날 것이요 많은 사람을 옳은 데로 돌아오게 한 자는 별과 같이 영원토록 빛나리라"(단12:3)

(4) 기도의 종류

① 부르짖는 기도

첫째, 렘33:3, 나의 삶에 힘들고 고통스러울 때에는 부르짖는 신음 소리와 함께 잠들어 버린다. 그때에 치료가 이루어진다. 보여주시고 비밀스러운 일들을 알려 주신다.

둘째, 사58:9, 금식할 때, 부르짖으면(급한 일 있을 때) "여기 있다 하리라" 하시며 만나주신다. 제가 왜 이렇게 하나님 예수님 성령님을 많이 만나 뵈었는가 했더니 19년을 다달이 금식했기 때문이다. 지금도 다달이 금식하고 꿈.환상으로 지금도 뵌다. 너무나 재미있고 흥미롭다. 그래서 기도 시간이 기다려지고 그립다. 오늘은 어떤 사랑의 음성과 하늘의 아름다운 일들을 가르쳐주시고 보여주시고 들려주실까? 아름답고 신비로운 하나님의 나라! 죽으면 가지만 살아서도 볼 수 있는 방법을 배워보고 만나 보길 바란다. 하나님 기뻐하는 금식 통하여...

② 방언 기도

요즘에는 귀신 방언이라는 말이 많이 있는데 이 말은 우리의 입에서 안하는 것이 가장 좋은 것입니다. 방언은 하나님께서 우리에게 선물로 주신 은사 중의 하나입니다.(약1:17) 귀신 방언이 있는 것이 아니라 귀신이 많이 들어있는 사람들이 방언을 받은 것이다. 귀신의 역사가 심하다고 하여 선물을 받지 말라는 법은 성경에 없습니다. 그런 분들이 방언을 할 때에 그 속에 있는 영들이 나와서 옆에 있는 사람들을 괴롭게 하기 때문에 이러한 말들이 도는 것 같은데 실제로 귀신이 어떻게 방언을 주는지는 모르겠다.(고전12:3-11) 성경은 성령께서 분명히 우리에게 은사를 주셨다고 하십니다. 방언을 많이 하시면 마음속에 있는 악한 영들이 신속하게 물러가는 역사가 있습니다.

③ 그 외에도 단계 높은 기도

영계가 3층천이 있듯이 기도도 3층의 기도가 있습니다. 내가 하는지 성령이 하는지 모르는 기도입니다. 나는 가만히 있는데 성령께서 내 속에서 하늘에 계신 아버지와 통하셔서 예수님의 이름으로 기도하십니다. 이 기도는 단계가 올라가면서 배워나가면 좋을 듯합니다.

모든 기도가 소리만 지른다고 좋은 것이 아니라 만약에 다섯 시간을 기도한다면 소리 내어서 할 수 있는 시간은 약 1-2시간쯤 하고, 그 다음은 조용한 기도 속에 들어갈 수 있다면 여러분도 체험할 수 있는 시간들이 주어질 것입니다.

모든 일에 합력하여 선을 이루는 기도가 될 것입니다.
(롬8:26-)

막9:29 "기도와 금식 외에는 이런 유가 나갈 수 없느니라"
마6:9-18, 예수님께서 가르치신 기도와 금식

④ 이런 유 : 능력
첫째, 나를 세속에 물들지 않게 거룩하게 지키는 것(약1:24)
나를 세상에 물들지 않게 거룩하게 지키지 못하면 나의 돈과
건강과 자녀와 가정이 망가집니다. 나의 삶의 테두리를
지켜내지 못하고 고통 속에 들어가서 만신창이가 되어버린
것이 저였습니다.
꿈에 울타리가 있는데, 그 울타리가 넘어져가는 데에도
누워서 일어나지 못하고 있는 모습은 기도와 금식으로
승리하지 못하고, 가정을 풍지박산 만들었던 저를 보여주신
것입니다.
최고의 능력은 자신과 가정을 세상에서 거룩하게 능력있게
지켜내는 것입니다.

둘째, 너를 받아주는 것
십자가의 사랑은 위로 하나님 사랑, 아래로 이웃
사랑입니다.(마22:37-40)
이 땅에서 가장 어려운 것은 십자가의 사랑으로 나와 다른
너를 받아주는 것입니다. 이것을 왜 십자가의 사랑으로

하라고 하실까요. 그것은 그만큼 어렵기 때문입니다. 예수님은 십자가를 우리의 죄 때문에 지셨습니다. 그런데 우리는 죄지은 자를 용서하지 못합니다. 그것은 자신은 죄인이 아니라는 증거입니다. 예수 믿는 자의 원천은 깨는 말입니다. 예수를 믿는다는 자체는 죄인이라는 것입니다. 나와 다른 죄인을, 죄인인 내가 받아줘야 하는 것이 당연함에도 우리는 그렇게 하지 않습니다. 욕하고 손가락질하고 비방하고 수근거립니다. 조금만 다르면 바로 손가락질하다가 내가 어려움을 당하면서도 어려움을 당하고 있는 이유 자체도 모른체 항상 하던 일을 계속합니다. 로마서 2장에서는 상대를 비판하고 판단하는 자는 환란과 곤고가 자신을 기다리고 있다고 말씀하셨습니다. 그 중에 비판의 상대가 목사도 들어있습니다. 너무나 많은 분들이 목사들을 하나님으로 생각합니다. 저도 그랬습니다. 그런데 제가 목사가 되었는데 목사가 하나님이 아니고 똥싸는 사람이었다는 것입니다. 하나님은 하늘에 계십니다. 천국은 이땅에 있는 것이 아니라 하늘에 있습니다. 천국의 모형은 있으나 천국을 이 땅에서 찾으면 안 되고 하나님도 이 땅에서 찾으면 안 된다는 것입니다. 우리는 모두가 부족하고 죄인인 채로 예수님을 믿고 있기 때문에 용서하고 이해하고 십자가의 고통과 아픔을 참으면서 그들을 사랑해줘야 하는 책임이 십자가를 지신 예수님을 믿는 우리에게 있는 것입니다. 예수님께서 "엘리 엘리 라마사박다니. 하나님, 하나님 왜 나를 버리셨나이까" 이렇게 고통하시고 신음하셨지만 아버지께서는 예수님을 십자가에서 내려주시지 않으시고 기어이 죽이셨습니다. 왜 돌아가시지 않으면 부활은 없기 때문입니다. 우리가 십자가의 사랑을 믿으면서도 내가 그것을 행하지 않으면 나에게는 부활이라는 단어는 없는 것입니다. 우리는 힘써 십자가의 사랑을 행해야 합니다. 미워도 미워하면 안 됩니다. 예수님은 죽음을 통해서 우리를 구원하셨기 때문에 죽음 같은 아픔을 딛고 그를 사랑해줘야 합니다. 그 죽음 같은 고통을 딛고 그를 이해하고 사랑해 준다면 나의 삶에 다른 부활의 삶이 기다리고 있습니다. 그러나 그 잘못된 행위에서 벗어나지 못하고 똑같은 행동을 계속한다면 우리의 삶은 다를 것이 없습니다. 육이 죽지 않아서 부활이 없는 것과 같습니다. 상대를(남편, 아내, 자녀들, 부모 형제, 이웃) 받아주기 어려우십니까? 십자가를 생각해 보세요 "십자가에 달리신 예수님보다 더 아픈가?"를 생각해 보십시오. 바로 모든 고통이 사라지고 용서하고 사랑하게 될 것입니다.

이렇게 해 보시면 어떨까요?

• 그가 듣고 싶은 말을 하자.
위로해 주고 사랑해 주고 무슨 일 있었니? 또는 있었어요,
얼마나 피곤하세요, 어서 쉬세요, 어서 오세요, 어서 오너라,
여보! 피곤하시지요, 몸조심하셔야 해요, 당신이 건강해야
저도 행복해요, 사랑하는 내 가족은 모두 복둥이입니다.
아들, 딸, 손자와 손녀 모두 복둥이로 불러 보세요.

• 내가 하고 싶은 말을 하지 말자.
왜 이제 와요! 맨날 그래요, 또 그러네, 이 원수 자식들아!
내가 너 땜에 못살겠어, 등......
고쳐서 그가 듣고 싶은 말을 하면 십자가를 내 가슴에 안고
그를 사랑하는 겁니다.

셋째, 예수 이름으로 명하노니 더러운 귀신아 나가라!
우리가 생각하는 예수 이름의 능력은 세 번째입니다.
주의 종으로서 진실로 갖고 싶은 것입니다. 그러나 나를
지키지 못하여 내 삶이 모두 망가진 다음에야 다른 사람의
병을 고쳐 준들 나에게 무슨 유익이 있겠습니까? 사도
바울은 다른 사람을 구원하고 자신의 영혼이 버림을 당할까
봐 날마다 나를 쳐서 복종시킨다고 하셨습니다.(고전9:27)

(5) 기도와 금식의 비유 표

기 도	흉악의 결박자	금 식
회개와 용서, 마6;13-15, 렘33:3, 마3:2		회개와 용서, 사58:4
결박에서 풀려	행위와 인격에 있다	결박에서 풀려
기도만 하면 마음 성전이 가스레인지 위의 끈적이처럼 더러워진다	롬1:23, 29-32	깔끔하게 영혼이 씻긴다, 요삼1:2, 스스로 죽는 것, 행위고쳐진다
지병이나 암 등이 발병		있던 병도 사라진다
예수 이름으로 기도만 하면 몸 성전에 구멍이 뚫리면서 계속적으로 기도를 받아야 한다	자신의 행위를 고치며 금식하면	흉악의 결박자 사탄, 마귀, 귀신이 풀려나간다
삶의 지옥문이 열린다		열린 지옥문이 닫히면서 천국의 문이 열린다
삶의 지옥, 건강, 자식, 돈, 가정의 문제가 생겨서 해결할 수 없는 것		죽어서 가는 천국이 분명히 있다 그러나 이 땅의 천국도 있다 레위기서 26:1-13절의 네 가지가 좋은 것이다, 돈 건강 자식 가정의 화평

❖ 모세의 예

출 17:5-7, 호렙산에서 반석을 치라 명하시고 그대로 쳤다.

민 20:1- , 신광야 가데스에서 반석에서 명령하여 물을 내라 하셨다. "반역한 너희여 들으라 우리가 너희를 위하여 이 반석에서 물을 내랴" 하고 반석을 두 번 쳐서 물이 나왔다. 이 사건 뒤에 아론은 죽고 모세는 가나안에 들어가지 못한다고 하셨고 실제로 못들어가고 죽었다. (신34:1-)

여기에서 우리는 모세가 천국에 갔는지 안 갔는지 몹시 궁금하다. 마태복음17장에 예수님께서 변화 산에 올라가셨을 때에 모세와 엘리야와 말씀을 나누신 것을 볼 수 있다. 그렇다면 모세는 천국에는 가셨고 땅의 천국을 못가신 것이다. 모세가 백성들에게서 아버지의 거룩을 나타내지 못하고 명령을 그대로 따라하지 않고 화내며 반석을 두 번 친 것은 명령하라는 아버지의 명을 거역한 것이다.

하나님의 뜻 그대로 따라하지 못하고 (창6:23, 요2:1-)
화내고 자신의 육신을 이기지 못하면 육의 천국은 없다고 하신 말씀이다.

그래서 우리는 어차피 육의 죽음을 죽이는 금식을 통하여 나의 잘못된 성경이 아닌 인격도 고쳐야 된다는 것이다. 그래야 육신의 삶에서도 천국을 볼 수 있고 영광을 나타낼 수 있다.

우리 예수님께서 우리에게 기도와 금식이 능력이라고 말씀하신 것을 금식을 20년 하고 많은 종들과 백성들이 금식 후에 어떻게 되는지를 임상 실험 하고 난 후에 알게 된 것을 표로 만들어 보았다. 이것은 나의 삶이며 사람을 행복하게 살게 하기 위해서 예수님께서 마태복음4장에서 본을 보이시고 마태복음6:16-에서 "금식할 때에" 왜 금식을 명령하셨는가를 알게 되었다. 우리의 삶과 나라의 모양과 교계의 모양을 보라. 이제는 예수 외에 구원이 또 있다고 해버렸다 예수 외에 어떤 것에 구원이 있는지 나는 모른다. 그러나 달력의 주인공은 예수님밖에 없고 구원도 예수님 외에는 없다는 사실을 안다.(행4:12)

마음 성전의 주인이 사탄으로 바뀌었다. 왜! 금식을 하여야 마음 성전이 청소되어서 성령께서 충만으로 나를 이끄실 텐데 그 성전을 거룩하게 닦질 않으니 그들의 마음속에 사탄의 생각으로(마16:23) 사람을 위해서 하나님을 버려버린 것이다. 마음 성전 속에 귀신들이 득시글거리니 어떻게 예수님이 주인이라고 말하겠는가? 세상 귀신이 자신들의 주인이 되었다고 만방에 선포하고 다니는 모습에 우리 하나님 아버지는 가슴을 찢고 또 찢고 우리가 복받을 수 없게 된 것에 대해서 우리는 회개하고 금식하고 기도하여 가슴을 찢고 애통해야 하는 것이다. 우리 아버지께서 사랑하는 우리나라 대한민국이 될 수 있습니다.

금식하고 회개하십시다. 먼저는 내가 복을 받고 내 나라도 내교회도 가정도 살릴 수 있습니다.

2. 하나님이 기뻐하시는 금식을 한다. (사58:6)

1) 금식은 우리 아버지 앞에서 최고로 효도하는 길

금식은 성령님을 위해서 하는 것, 성령님은 나를 위해 계신 분이시다. 금식은 조상들의 우상숭배한 죄와 나의 불순종의 죄로 황폐화되어 버린(말씀대로 살지 못하는 인격과 말, 마7:24) 마음의 성전을 새로 지어(고쳐가는) 가는 과정이며, 방법이고 성령님과 떼어놓고 생각할 수 없는 관계에 있다.

마음 성전은 마음이 있는 가슴부분 뿐만 아니라 머리부터 발끝까지가 내 몸 전체를 말한다. 우리가 성령님을 깨끗한 내 방에 모셔드리기 위해서 금식이 필요하다. 머리로 생각하는 것, 마음으로 품고 있는 것, 손으로 일하는 것, 발로 가는 것들을 아버지의 뜻대로 해야 만이 성전이 깨끗해진다.

부정한 생각과 미워하는 마음과 불순종하여 가지 않아야 하는 곳을 가는 발과 하지 않아야 하는 일들을 바로잡아 아버지의 뜻대로 가기 위해서 하는 것이 금식이며 아버지를 일 하시게 내몸을 제공하는 것이 금식이다.

2) 예수님의 금식 (마4:1-)

예수님도 금식하셨다.(40일을 주리신 후에 마귀에게 시험을 받으셨다)

마태복음 6장 16절에서 "금식할 때" 누구는 하고 안하고를 말씀하지 않으시고 이렇게 말씀하신 것은 이미 구약의 여러 책 제사장의 금식 (레16:29-34), 백성의 금식(레23:26-32), 사58:1- , 욜2:1- , 욘3:1-11 성경의 여러 곳에 금식하는 사람과 말씀들을 통하여 적어 놓으셨기 때문에 더 이상 할 필요를 느끼지 못하셨다. 이 말씀은 금식을 명령하신 것이다. 자신의 종과 백성이 거룩하여 잘되기를 원하시는 말씀이다.

3) 세 개의 기둥 위에 세워진 우리 민족의 교회를 네 개의 기둥으로 세워야 한다.(마6장)

첫째 기둥, 구제, 사61:1, 마6:1-4
둘째 기둥, 기도, 마6:5-15
셋째 기둥, 금식, 마6:16-18
넷째 기둥, 헌금, 마6:19-34

• 위의 둘째 기둥 셋째 기둥의 말씀을 마가복음 9:29절에서는 기도와 금식 외에는 이런 유가 나갈 수 없느니라 (전수성경) 고 말씀하셨다.

우리 민족은
첫째기둥, 구제, 또는 전도도 너무 잘하고
둘째기둥의 기도도 너무 잘하고
넷째기둥의 헌금도 얼마나 잘하는지 모른다
셋째기둥의 금식도 실제로 다른 나라에 비해서 잘한다
그런데 금식을 잘 모른다는 것이다.

4) 금식은 두 가지로 나눈다.

• 나라의(국난) 어려움과 개인의 어려움이 있을 때에 하는
  금식이 달라야 한다.

• 국난 때에는 아무데서나 금식할 수 있다 전쟁이 일어나고
  나라에 난리가 났다면 그것은 아무데서나 해도 된다 어차피
  죽지 못해 사는 시간들이니까
  – 미스바 금식 기도(삼상7:5)
  – 그러나 나의 삶과 건강이 잘되기를 원한다면 지금의
    우리나라의 안정된 삶과 교회의 상황 속에서는 하나님
    기뻐하는 금식을 해야 한다. 그래야 말씀대로의 삶을
    아름답게 살 수 있다.

• 월 십일조의 금식을 정한 이유, 욜2:15,
  우리 민족의 특성 따라 월 십일조의 금식을 강력히 권합니다.

첫째, 원죄의 저주를 끊으신 예수님, 히9:15, 갈3:13

둘째, 자범죄, 출20:4,5, 조상들의 우상 숭배한 죄

예수님께서 끊어주신 원죄의 죄사함 때문에 우리에게는 생명의 길을 막아놓으셨던 창3:22-24절의 말씀의 생명나무의 길이 열려서 천국에 갈 수 있게 되었다.

그러나 그곳에 우리의 조상들의 우상 숭배한 죄며 나의 불순종의 죄까지 용서해주신 것은 아니다. 그 죄에 대해서는 우리가 회개해야 하고 회개해야 하는 데 금식이 필요하며 고치는 것이 필요한 것이다.

5) 금식을 자세히 알기 위해서 이사야서 58장을 보자.

▶ 하나님이 기뻐하시는 금식에는 먼저 하지 말아야 할 일이 있다.(사58:3)
- 오락하지 말라
- 일하지 말라(레16;31,23:32)

▶ 해야 하는 두 가지가 있다.(사58:4)
- 회개 : 회개하라 천국이 가까이 왔느니라(마3:2, 시34:18, 51:17, 사57:15, 66:2)
- 통회 : 통곡하며 회개하는 것
- 용서, 마5;21-32. 마6:13-15, 마18:18, 미움을 버리지 못하고 용서하지 못하는 것은 십자가를 역행하는 것이다. 예수님은 죄인인 나 때문에 십자가를 지셨다. 그래서

십자가에 돌아가셨다. 부활하셔서 우리의 부활의 첫 열매가 되시고 나의 주가 되신 예수님을 믿는 자는 약속이 있다. 성경대로 살기로 약속되어져 있는 것이다.

그래서 우리는 "하나님께서 예수 그리스도 안에서 우리를 용서하심 같이 우리도 용서해야한다" 엡4:32, 욜2:12, 13

• 하나님 기뻐하는 금식은 회개와 용서가 기본이다.

회개할 일이 만들어지고 용서할 일이(미워했을 때) 만들어졌는데 그것을 이기지 못하고 죄를 지므로 흉악의 결박자 사탄, 마귀, 귀신이 나에게 들어왔다.(참고, 하나님의 치리법, p32)

금식할 때에 회개와 용서를 구할 때에 그 흉악의 결박자가 나가면서 내 영혼이 씻겨진다. 기도만 할 때는 씻는 기능이 없기 때문에 밟고 나간 더러운 귀신의 발자국이 계속 내 마음 성전에 있게 되면 가스레인지 위의 끈적이처럼 끈적거려져서 결국에는 지병이라는 것을 갖게 된다. 고혈압, 당뇨 병등 갖가지의 병을 유발하게 된다.(참고, 하나님의 치리법, p32)

• 하나님 기뻐하는 금식에 해당하면
  흉악의 결박이 풀어지고
  멍에의 줄을 끌러주며
  압제 당하는 자를 자유하게 하며
  모든 멍에를 꺾어 주신다.

주린 자에게 네 양식을 나누어 주고

유리하는 빈민을 집에 들이며

헐벗은 자를 보면 입히며

골육을 피하여 숨지 않게 해 주신다.

그리하면

– 사58:8절, 치유가 급속하다, 병과 삶 전체(돈, 건강, 자식, 가정문제들)

– 사58:9, 부를 때에, 응답하리라(렘33:3)
  부르짖을 때에, 내가 여기 있다 하리라(만나
  주신다, 꿈.환상, 비몽사몽)

– 만일 너희가 너희 중에서 멍에와 손가락질과 허망한
  말을 제하여 버리고 (고쳐야 할 것 세 가지)

– 사58:10, 주를 향하여 심어 논 봉사가 열매 맺으리라

– 사58:11, 영혼이 잘되게 해 주시고, **뼈**를 견고하게
  만들어주신다.

– 사58:12, 자녀들이 지도자 탄생,
  금식한 나는 역대에 파괴된 기초를 쌓고, 무너진 곳을
  보수하여 길을 수축하여 거할 곳이 되게 하는 자라
  하리라.(부자 되게 하신다는 것)

사58:1절부터 보면 백성에게 허물을, 야곱 집에 죄를
고해주는 것이 금식 선포이다.

회개와 용서를 날마다 하기 보다는 아주 고쳐서 100%
짜리는 못되더라도 성경의 인격을 가져야 한다.

6) 금식을 언제까지 할 것인가?

조상들로부터 내려오는 저주를 끊는 데는 약2-3년 정도 걸린다. 거룩하신 예수님 앞에 거룩한 신부로 나를 드리는 것은 다달이 천국 가는 그 날까지 한다. 성령 충만하여 행복한 하루를 천국처럼 선물해 주실 것이다. 에스더처럼 금식함으로 나라를 살리고 자신의 삶을 부요로 이끌어주실 것이다.

7) 어떻게 할 것인가?

(1) 하나님이 기뻐하시는 금식을 한다 (사58:6)

① 하지 않아야 하는 두 가지(사58:3)

   (a) 일하지 않는다 (레26:29-34, 23:26-32)

   (b) 오락하지 않는다

② 해야할 것 두 가지 (사58:4)

   (a) 회개한다 (렘2:9)

   (b) 용서한다 (마5:22-26, 6:13-15, 18:18)

(2) 준비된 기도원에서 금식과 보식을 정확히 한다.

① 금식 : 수술기간

② 보식기간 : 회복기간

③ 은사집회 통하여 성령과 불로 세례 받는다(마3:11, 계22:1) 생명수의 강물을 내려주신다.

(3) 주께서 기뻐하시는 금식과 보식 기간(사58:6)

금식기간	보식기간
하루	두끼
이틀	하루 반
삼일	이틀 반

① 보식 때 먹지 않아야 하는 음식
  - 개고기(행15:29) 돼지고기, 닭고기, 소고기, 오리고기, 육고기류, 설탕든 음식, 냉동식품, 매운 것, 익히지 않은 가루 음식, 밀가루 음식 등
  - 이런 종류의 음식을 먹었을 때에 얇아진 위가 더욱 나빠져서 죽을 수도 있으며 링겔을 맞을 경우도 죽을 수 있다.
  - 금식할 때는 아무도 다치지 않는다. 그러나 보식 때에 많은 분들이 건강을 잃고 더욱 나빠지는 수가 많기 때문에 금식과 보식을 전문가들과 상의하여 해야 한다.
② 먹을 수 있는 음식
  - 아무것도 넣지 않은 흰죽
  - 된장국, 무국, 동치미, 부드러운 반찬, 부드러운 생선류, 과일, 부드러운 반찬
  - 이것 또한 금식의 날짜에 따라서 달라진다.
  - 무조건 첫끼는 된장국과 동치미 외에는 먹지 않는다.

3. 옛 구습을 버리고 새사람을 입어야 성령 충만이 온다.[엡4:22]

사58:12절에서 역대에 파괴된 기초를 쌓고 무너진 데를 보수하여 새 길을 수축하여 새로운 삶의 터전인 새 하늘과 새 땅을 바라보며 새 하늘에서 내려주는 성을 받을 수 있게 고치고 고쳐서 성경의 사람으로 가야한다.(계21:1-)

* 율법의 완성은 사랑이다(롬13:10)
  사랑이 자연스럽게 될 때까지 고친다.

1) 고쳐야 할 것이 있다는 것을 알아보는 방법

첫째, 인생 채찍(삼하7:14)
돈 문제, 가정 문제, 자식 문제, 건강의 문제가 사라지지 않고 돌아가며 생기며 해결이 안된다.
둘째, 사람 막대기
아내, 남편, 자녀, 형제들이 내 맘에 안 든다 치고 때리고 아프게 한다. 이런 일들은 내 인격을 고쳐야 한다는 것을 의미한다. 이럴 때 나의 행동이 하나님을 기쁘시게 하지 못하고 있다는 것이다. 고치면 하나님을 기쁘시게 하고, 모든 채찍과 막대기가 사라진다. 나를 고치고 나를 보면 하나님의 기쁨이 된다.

2) 왜 금식할 때에 고치라고 했을까?

하나님께서 기뻐하는 금식은 흉악의 결박을 풀어내며 (사58:6) 고쳐야 되는 그 분야가 흉악의 결박자 사탄 마귀 귀신에게 잡혀있는 곳이다. 금식할 때 회개하고 용서할 때 회개할 일 만들고 미워할 때(마5:21-26)에 살인마 귀신이 내 몸에 들어와서 나의 삶과 몸에 병을 일으키고 여러 가지의 일들을 만들어낸다. 그러할 때 하나님 기뻐하는 금식을 통하여 풀어낼 때 어떤 곳인가를 알아서 제약하면 다시 들어오지 않는다. 손가락질로 인하여 들어온 귀신의 정체를 알았다면 내가 손가락질 하지 않아야한다. 그러면 귀신이 나간다. 나쁜 일을 안해야 나간다는 것이다. 도둑이 들어온 것을 알기만 하면 잡아내는 이치와 같다.

• 우리의 천국은 예수를 믿는 믿음으로 간다.(벧전1:9)
그러나 풀의 꽃과 같은 이 땅의 영광을(벧전1:24) 우리가 반드시 가져야 하는 이유는 풀도 반드시 꽃을 피우고 씨를 맺어 다시 풀을 나게 하고 있으며 풀도 피우는 꽃을 인간이 영광을 돌려 드릴 수 없다면 이 땅에서 예수님의 칭찬거리는 없어지고 지금의 시대처럼 욕을 돌려 드리고 예수 믿는 것들이라는, 절대로 들어서는 안 되는 말들을 듣게 되므로 이 나라와 우리의 삶이 망가졌다.

그래서 우리는 반드시 친절하고 용서하며 자신을 죽이고 이겨서 사람들에게도 하나님께도 칭찬받고 사랑받아야 지금의 나라 상황이나 개인의 삶을 통하여 영광드러낼 수 있다.

3) 여기 사58:9에서 고치라고 분명히 말씀하신 세 가지가 있다.

첫째, 멍에
둘째, 손가락질
셋째, 허망한 말
이것을 고치면 열매가 맺어지고 영혼이 잘되고 자녀손 천대의 복을 받을 수 있다고 이사야58:10-12절에 되어 있다. 그렇다면 이것이 무엇인지 반드시 알아서 고치고 육신의 복도 받아 누려야 되는 것이다.

(1) 멍에

마11:29-30 "나는 마음이 온유하고 겸손하니 나의 멍에를 메고 내게 배우라 그리하면 너희 마음이 쉼을 얻으리니 이는 내 멍에는 쉽고 내 짐은 가벼움이니라 하시니라"

우리는 주의 종과 백성으로서 예수님이 우리의 짐을 가지고

가라고 하신다. 가정과 사역, 부모와 자식 이 모든 것은 벗을 수 없는 나의 멍에이며 짐이다.

그런데 얼마나 어려운지 벗어버리고 싶고, 던져버리고 싶지만 성경은 "자기 십자가를 지고 나를 따르라"(마10:38, 16:24)고 하셨기 때문에 벗을 수 없는 것이 주신 십자가 즉 육신의 직분인 것이다.

마11:29, 30절의 나의 멍에가 주께서 주신 나의 사역인 것이다. 가정이며 자녀이며 부모이며 주의 사명인 것이다.

그런데 이 멍에가 얼마나 무겁고 버거운지 나는 벗었다가 맞아 죽을 뻔하다 살아난 사람이다.

이 말씀은 예수님이 쉽다고 하셨는데 왜 이혼하고 싸우고 많은 어려움을 당하겠냐는 것이다.

예수님께서는 말씀하신 것처럼 쉽다면 우리는 아내는 남편을 원망하고, 남편은 아내가 잘못 들어와서 내 발목을 잡는다고 불평한다. 자식은 부모를 잘못 만났고, 부모는 자식을 잘못 낳았다고 투덜대며 원망하는 바람에 광야 생활을 벗을 수 없고, 고통 속에 살아왔다.

★ 예수님은 분명히 쉽다고 하셨는데 . . . 많은 시간이 지나 나이가 63살이 되어서야 깨닫게 되었다. 예수님의 십자가보다 쉽다는 것을 . . .

우리는 예수님이 나의 죄사함을 위하여 지신 고난의 십자가가 아니면 벗어버린다.

깨닫게 해주시지 않으면 절대로 깨달을 수 없는 것이

인생이다. 지혜자이신 하나님께서 우리를 불쌍히 보시고 깨닫게 해주셔야 되는 것이다. 내가 한 일은 순종하고 기도와 금식을 쉬지 않고 해보려고 노력만 했지 알 수 없었다. 그러나 해보려고 애쓰는 나를 보시고 깨닫게 해주셨다. 멍에가 가벼운 방법임을 고난 당하신 그 십자가만큼 어려운 일이 없다는 것이다. 남편이 아무리 내 말을 안 들어주어도, 아내가 아무리 고통스럽게 해도, 자식이 아무리 어렵게 해도 내 손에 못 안 박았어요, 내 발에 못 안 박았어요, 머리에 가시면류관도 없어요, 옆구리도 창으로 안 찔렀어요, 주여! 사람이 행복하려고 했던 결혼이 얼마나 서로 대화가 안통하고 고통스러우면 헤어짐이라는 방법을 택하고 파경을 맞이하겠습니까? 그 택한 방법에 따라 아이들이 어려움을 당하고 나 자신도 초라한 아픔 속에 빠지고 또 아이들과 함께 다른 사람을 만난들 거기에 무슨 행복이 있단 말인가요? 부부가 자녀를 가졌다면 그 자녀의 이야기를 마음대로 나눌 수 없는 상대라면 무엇을 행복이라 말하며 무엇이 행복이라고 말할 수 있단 말인가?

그렇다면 이혼을 생각하며 쉽게 주신 멍에를 벗는 것은 살아있으나 죽음 목숨이라고 성경은 말한다.(마10:38,39)

그래서 가정을 유지하고 아름다운 삶의 기초를 갖기 위해서 우리는 예수님을 믿고, 십자가의 도를 나의 삶에 접목하여 실천해야 한다.

십자가의 도의 기본은 죽음과 부활이다.

우리는 부활, 천국에도 가고 싶고, 이 땅에도 지금 보다 더 나은 부활의 삶을 갖고 싶어 하는 것이 누구든지의 소망이다. 그런데 죽음은 싫어한다. 죽음은 나의 육을 죽이는 것이다. 나의 권리를 포기 하고(고전9:12,18) 사도바울처럼 십자가의 멍에를 메는데 너무 무거워 허덕이고 있는 것이다.

이렇게 생각하면 간단한 육의 죽음이 죽어진다. 예수님이 못박힌 손과 발, 머리에 가시관, 옆구리의 창보다 더 아픈가? 각자가 생각해보면 알게 된다. 아니다는 것을 나는 50명의 가족을 데리고 10년을 살았다. 어떤 사람들이 말한다. 내 가족 몇 명도 어려운데 이게 무슨 일이냐고, 얼마나 힘드셨냐고 나는 웃으며 대답한다. 얼마나 행복하셨냐고 물으셔야 한다. 우리 예수님은 손에 못을, 발에 못 박혔으므로 나는 괜찮아요, 머리에 가시 면류관 쓰셨기 때문에 나는 괜찮아요, 옆구리에 창 찔리시고 나의 죄 대신 부끄럽고 아프게 피흘려주셨기 때문에 저의 몸은 어느 곳 하나 상처가 없답니다. 저는 그래서 예수님 때문에 행복합니다.

우리가 내 삶에 멍에를 가볍게 질 수 있는 것은 예수님의 십자가 밖에 없다는 것을 깨닫게 해주신 사랑하는 나의 성령님을 찬양드린다.

(2) 손가락질

"그러므로 남을 판단하는 사람아 누구를 막론하고 네가 핑계하지 못할 것은 남을 판단하는 것으로 네가 너를 정죄함이니 판단하는 네가 같은 일을 행함이니라"(롬2:1)

우리는 사람과 어떤 사건이나 사물을 보고 악평할 때, 광야의 40년은 나의 삶에서 사라지지 않는다. (민14:13, 14:36,37, 잠25:10)

내 얼굴은 보이지 않고 상대의 얼굴만 보이는 나, 그의 눈의 티가 내 눈에는 들보임에도 깨닫지 못하게 만들어진 나, 이렇게 나를 모르는 동안 나는 사람을 판단하고 손가락질하고 흉보고 여러 가지의 일을 해 가지고, 환란과 곤고가 닥치고 있다는 것을 알게 되었다.
"당을 지어 진리를 따르지 않고 불의를 따르는 자에게는 진노와 분노로 하시리라. 악을 행하는 각 사람에의 영에게는 환란과 곤고가 있으리니" (롬2:8,9)
신앙생활하며 이리저리 무리지어 다니며 흉보고 손가락질 하고, 나쁘다고 말하며 헐뜯는 것은 내 생각이지, 아버지의 생각은 아니라는 것이다. 우리가 하나님 입장에서 그 자식을 내려보실 때는 가지각색의 꽃과 같이 색깔이 다르고, 모양이 달라도 얼마나 아름다운가? 그런데 우리는 그 아름다운 사람들을 보고 나하고 다름을 이해하지 못하여 손가락질하고 욕하고 흉보고 한다. 결국은 그 사람을 만드신바 된 하나님을 찌르는 결과가 되어서 환란과 곤고를 맞으며 헤어날 길을 찾지 못하고 있다.
.우리는 이제 판단이 아닌 분별을 해야 한다.(히5:14).
"단단한 음식은 장성한 자의 것이니 그들은 지각을 사용함 으로 연단을 받아 선악을 분별하는 자들이니라"

우리가 어릴 때에는 자신의 것만을 추구하고 모든 일에 자신에게 맞추어서 하나님도 사람도 이해를 못했다. 그러나 이제는 장성 자로서 분별할 수 있어야 한다.

우리를 연단하시고 채찍하시는 분은 우리가 성장하라고 요구하시는 것이다.

이제부터는 상대가 나를 기분 나쁘게 하고 있다면 내가 그를 기분 나쁘게 하고 있는 것이 아닌지 생각해 보아야 한다. 땅의 모든 만물은 건드리지 아니하면 조용하다 사람도 똑같다. 우리 속담에 손뼉도 마주쳐야 소리난다는 말이 있다. 이것은 상대는 내가 잘못하지 않으면 나에게 나쁜 말을 할 이유도, 욕할 이유도, 인상 쓸 이유도 없다는 것이다.

상대가 나에게 인상 쓰고 나쁜 행동을 하는 것은 나는 보이지 않지만 그는 보고 미리 움직이고 있다는 것을 내가 먼저 캐치해야 하는 것이다. 이것을 명철이라고 한다.(잠18:4, 20:5)

나를 보는 자는 백전백승한다.
나를 모르고 남을 아는 자는 백전백패한다.
상대를 보며 나를 보는 것, 나의 움직임을 보고 상대의 움직임을 미리 예견하는 것을 명철의 지혜라고(명철, 잠1:2,5, 많음) 성경은 말한다.

(3) 허망한 말

'허망한'의 뜻을 생각해 본다면 허공에 떠도는 망령된 말이라

하겠다.

안 해야 되는 말들이 조상들의 우상 숭배한 죄를 타고 수없이 우리 입술에 길들여져 있다.

조상들의 우상 숭배한 죄란?

하나님을 알지 못했던 우리 민족이 하나님으로부터 저주가 내렸는데, 복받지 못할 행실과 입술이 만들어져 있다고 보면 되겠다. 이것을 따라 하고 있는 우리의 입과 행동을 설명한다.

어떻게 해결을 해야할까요?

먼저 하나님이 기뻐하는 금식이 이루어져 흉악의 결박이 풀어질 때에 우리의 선조들을 닮은 입술을 고쳐야 된다.

"입술의 열매를 짓는 나 여호와"(사57:19)

욕이 영광을 가린다.(합2:16)

죽겠네(창30:1, 31:32, 라헬이 죽겠노라고 두 번하고 애기 낳다가 진짜 죽은 성경)

미치겠네, 환장하겠네, 지랄하네, 흉보고, 욕하고 부정하고, 상실함에 버려져 있는 (롬1:28) 행동.

나를 성경으로 다시 재창조의 역사를 만들어야 만이 지금 우리가 처한 나라의 문제나 개인의 문제를 해결할 수 있다. 금식만 하고 이런 성경으로 돌아가는 일을 하지 않으면 행위를 심판하시는 하나님께서 우리에게 복 주실 수 있겠는가? 한 가지 문제를 해결하면 다시 행위의 심판이 이루어져서(벧전1:17) 다시 어려운 문제에 봉착하게 되는 것이 지금까지 우리가 알아온 성경의 진리였다.

그래서 이제는 새 하늘이 나에게 복 주신다는 간단한

원리이다.

이 세 가지를 고치며 옛 구습을 버리고 새 사람 되면, 성경이 자동으로 우리에게 복을 주신다.(이사야 58:1-12절) 이것은 자손 천대까지의 복이며 아주 깊은 뼈 속까지 영혼이 잘됨으로(요일3;2) 해결되는 것이 성경이다.

행위를 심판하시는 하나님 앞에 그 행위를 복달라고 보여드리는 것이 새로운 습관이며 새사람이기 때문이다. (벧전1:17)

우리 벧엘의 가족은 이사야 58:1-12절을 토대로 10여 년을 함께 훈련하여 가정과 개인이 인정받으면서 민족과 세계에 사람을 복받게 하는 삼각형의 원리를 삶에 접목해 왔다.(참고 P44)

십자가의 가로 세우는 법을 계속 연구하며 실천하여 터득케 하셨다.

또 다른 말씀은 예수님의 교훈이다.(마5:38-48)

우리가 성경을 배우는 것은 성경이 예수님이시기 때문에 예수님을 따라 하는 노력이 필요하다.(요1:3)

구약에서는 '눈은 눈으로 이는 이로 갚으라' 하셨다.(출21:24, 레24:20, 신19:21)

그러나 예수님은 역설하신다.

예쁜 옷을 입고 와서 "어때" 하는 사람에게 뭐라고 하시나요?

"이쁘다 그런데 색깔이 약간?", 좋다는 것인가요, 나쁘다는 것인가요?

이런 말이 너무나 많다는 거예요.

"맛있어요" 하니까 "거기다가 깨가 더 많이 들어가면 더 맛이 있는데요. 깨가 없어서 . . ."

이것은 무슨 말일까요? 완전한 부정이며 내가 하는 모든 것을 부정하는 말입니다.

이쁘다, 맛있다, 좋다, 좋은데 말이야 이런 토를 다는 것은 긍정의 말이 아니고 완전한 부정의 말입니다. 고쳐야지요.

단순하게 이뻐, 좋아, 맛있어로 단순하게 살며 단순하게 말해볼까요? 아주 행복해 집니다.

다른 사람을 행복하게 해주었기 때문이에요.

고급언어	싸구려 언어
그랬니~	그랬어
유순한 말(잠11:16)	과격한 말,
말꼬리를 내리는 말	말꼬리를 올리는 말
그러세요 그렇지요~	그렇잖아요

어떤 언어는 말꼬리가 올라가면 싸구려 말이며 혐오감을 주는 말이 됩니다.

경우에 합당한 말은 은쟁반에 금 사과니라.(잠25:11)

쟁반은 아내를, 금 사과는 남편을 말하니 둘이 하나가 되는 것이 곧 복이라는 것을 말합니다. 은쟁반도, 금사과도 모두 돈이기 때문입니다. 아름다운 말을 사용하여 복 받읍시다.
가장 복 받을 수 있는 열쇠(or key)는 영접입니다.(마10:40-42)
어떻게 영접하는 것이 좋을까요? 네! 아름다운 미소와 웃음입니다.

어떠세요? 활짝 웃으며 사랑하는 자들을 맞아보실래요? 온 집안이 복을 받고 나 때문에 나라도, 교회도 복 받습니다.
복 받은 자가 웃기 때문이에요. 한번 웃어보실래요, 하하하 호호호 히히히 깔깔깔 약간 바보처럼 말이에요.
사랑합니다.

4) 예수님은

(1) 오른 뺨 때리면 왼뺨 내놔라.

(주여! 말은 쉬운데 행동은 쉽지 않지요)

나는 예전에 한 대 때리면 열 대 때리는 사람이었다. 그런데 예수님을 따라하는 것은 죽음이다. 그러나 성경은 주검이 있는 곳에 독수리들이 모인다(마24:28)고 하신다. 그것은 내가 육을 죽여 새로운 사람이 되면 독수리 같은 능력자들이 내 주변에 모인다는 말씀인 것이 깨달아졌다. 전문인은 왕 앞에 선다는 말씀과 일치한다.(잠22:29) 그래서 한번 시도해 보기로 했는데 주변의 많은 시험지들을 통하여 때리고 꼬집고 흉보고 거짓하고 별말을 다 듣고 당했지만 그의 수염을 뜯은 것이 아니라 나의 수염을 뜯겼고 오른뺨을 많이 때렸지만 모두 왼뺨을 내놓게 하셨다. 때로는 너무 화가 나서 옛 행동이 나타날 때도 있었지만 나타나면 상대가 꼬리를 내려버리기 때문에 더 이상 진전할 수 없는 상황들이 계속 벌어졌었다. 그러나 결국 통과케 해주셨다. 나의 주인이신 예수님, 그의 영이신 성령께서(롬14:4)

(2) "너를 고발하여 속옷을 가지고자 하는 자에게 겉옷까지도 가지게 하며"

나의 보이지 않는 곳을 흉보고 손가락질하는 자들에게 아예 나를 맡겨 겉옷(직분)까지(계22:14) 내어줘서 온전하게 그들을 통하여 나를 보는 것이다. 이 방법이 사람을 전문인으로 세우는 키이다. 부대끼면서 배우고 책망할 때 피하는 법, 받아주는 법은 예스로 받아주고 고칠수 있게 기도해달라고 부탁한다. 나의 직분을 완성시킬 수 있는 키가 되었다.

원장으로서 목사로서 부모로서 자녀로서 형제로서의 모든 면을 체크하고, 욕하는 모든 사람의 요구를 충족시켜 고쳤더니 염소 떼들이 내 삶에서 모두 나갔다.

"네 행위가 여호와를 기쁘시게 하면 원수라도 화목하게 하시느니라."(잠16:7)

하나님을 기쁘시게 해드리지 못하는 모든 부분을 체크하여 하나님을 기쁘게 해드렸더니 원수들이 나간 상황을 꿈으로 보이시고, 삶도 원활하게 돌아가고 있는 것을 볼 수 있다.

(3) "또 누구든지 너를 억지로 오리를 가게 하거든 그 사람과 십리를 동행하고"

내가 하고 싶지 않은 일을 형제가 자꾸 해달라고 하거든 십리를 온전히 함께 해줘라. 우리는 하고 싶은 일만 하고 살 수 없다. 하기 싫은 일도 때로는 해야 된다는 것이다. 그런데 기꺼이 기쁜 마음으로 섬김의 예를 다하라는 말씀이다. 그대로 실천했더니 오케이 하신다.

(4) "네게 구하는 자에게 주며 네게 꾸고자 하는 자에게 거절하지 말라"

주는 것을 좋아하게 만들어진 우리, 달라고 하거나 꾸고자 하는 것을 싫어하는 것이 사람이었다. 43살에 거지가 되어 아버지 앞에 잡힌바 되어 죽을 수밖에 없는 상황이었다. 거지 노릇하지 않으면 그렇다고 죽을 수도 없는 상황에서 아이들하고 살아남기 위해서 하늘을 두 번째 바라보았다. 아들을 낳을 때 바라보았던 하늘 "하나님 혹시 계세요? 그러면 아들 주세요? 하나님을 믿을게요"

아들 주셔서 하나님을 믿었다.

이번에 또 "아버지! 정말 계세요? 그러면 저를 먹여 살려주세요! 그러면 제가 살아서 아버지뜻을 따를게요. 빌리지 않고 외상도 안하고 사람에게 달라고도 하지 않을게요" 하고 있었더니 "나 살아있어" 하시는 것 처럼 말하지 않고, 구걸하지 않아도 병아리 눈물만큼 주셔서 먹여 살려주셨다. 살아나서 지금까지도 먹여 살리시고 신기하게 일하시는 놀라운 역사가 있다. 그 일이 벧엘에 와서도 계속되어서 하늘에서 주시면 먹고, 아님 말고 하는 식으로 살다보니 그것이 나의 의가 되었다. 나는 몰랐다. 먹고 살다가 땅을 사야하는데 돈이 부족한데 권사님 한분이 빌려 달라고 말만하면 빌려주겠다고 하는데 그 말이 떨어지지 않아서 못하고 있었다. 그냥 빌려주면 되잖아 했더니 안 된단다 말을 해야 한다고 해서 말이 안 나오는데, 너무 다급해서 주저주저 하다가 말이 나왔다. 빌려달라고, 그 권사님이 빌려주셔서 첫 번째 땅을 샀고, 그 이후에도 융자를 끼고 샀고 . . . 한번 입이 열리더니 쉽게 열어졌다. 그리고 알게 되었다. 성경에서

하라는 것은 다 해야 한다고, 나의 의를 내세워 사랑하는 자들을 손가락질하게 되었고 환란과 곤고를 맞을 준비하고 있는 것을 보시고 내 의를 깨니 성경의 말씀대로 살아 자유함을 갖게 해주셨다. 지금은 꾸어줄 것은 아직 없으나 이후에는 꾸어주면서도 살 수 있는 길을 열어주시리라 나는 믿고 있다.

(5) 원수를 사랑하라셨다.(마5:43-48)

박해하는 자, 원수를 사랑하여 예수님처럼 십자가에서 "아버지여! 저들이 알지 못하오니 용서하여 주세요 (눅23:34)"라는 말씀을 하셨고, 스데반 집사도 순교하실 때에 예수님과 똑같이 하셨다.(행7:59,60)

그런데 내가 하는 것은 죽음이었다. 성경이 하라고 하니 해보긴 해야겠는데 잘 안 된다. 그래서 성령님께 지혜를 계속 구했더니 이런 은혜를 내리셨다. "아버지! 저 사람이 저를 훈계하고 책망했으니 복주세요" 해놓고 "저는 그에게 복 빌어 줬으니 저에게는 100배로 더 주세요" 하고나니 내가 더 복 많이 받을 거니까 엄청 행복해진다. 주여! 이것이 저의 한계입니다.

십자가의 고난을 생각하여 원수를 사랑해야 한다는 것은 그 뒤에 깊이 깨달았다. 예수님을 생각만 해도 바로 행동할 수 있는 사람으로 바뀌었다. 이렇게 하여 금식할 때 나를 고쳐 흉악의 결박이 아예 나에게 오지 않는 사람으로 훈련해야 되는 것이다.

그 어떤 아픔도 고통도 예수님 십자가보다는 아프지 않았다는 것을 알게 되었고 어떤 상황 속에서도 예수님의 피 흘리신 십자가를 생각할 수만 있다면 예수님의 어린양, 피의 유월이 일어나(출12:11-) 넘어가게 된다는 것을 알게 되었다.

5) 십자가와 성령충만과 통치

(1) 십자가의 세로를 거룩하고 단단히 세워 하나님 배반하지 않고 사는 법

하나님의 사랑(출20:1-17), 믿음의 대상, 하나님의 종(고전22:23)

- 십계명 (1-4계명)   첫째 계명 (하나님 사랑, 마22:37-40)

- 십계명 (5-10계명)   둘째 계명 (이웃사랑, 마22:37-40)

- 사랑의 대상,
  - 하나님의 종은 사람의 종, 고전9:19,고후4:5
  (이웃에게 국한된다. 하나님의 뜻이 어그러질 때에는 사람의 종을 포기한다)

- 우리가 하나님 사랑과 이웃 사랑에 대하여 오류가 있다. 하나님은 믿음의 대상이다. 우리가 행한 대로 성경에 쓰여진 대로 하시기 때문에 믿음직하다는 것이다.
  그러나 사람은 그렇지가 않다 앞과 뒤가 다를 때가 너무 많다. 믿었는데 뒤통수를 칠 경우가 많다. 그래서 우리는 사람은 사랑의 대상이지 믿음의 대상이 아니라는 것이다.

우리를 배신하고 욕하고 허물을 들춰내고 나를 거스르고 거짓하고 배신해도 기뻐하고 즐거워하라고 하셨다. (마5:11,12) 그것은 사랑하고 상 받는 대상이지 믿고 나서 내가 너를 어떻게 믿었는데 그렇게 하느냐고 말해봤자 소용이 없다는 것이다.

그래서 성경은 미워하지 말고 용서하고 분별하는 것이 중요하다고 한다.(롬12:2, 고전2:13, 12:10, 빌1:10, 히5:14, 요1:4:1, 레10:10, 욥34:3, 말3:18)

• 분별하게 가르쳐야 한다.(겔44:23)

저는 이렇게 합니다.

새로운 사람을 만나면 먼저 영으로 분별합니다. 아버지께서 이 분을 어떻게 보고 계시는지를 꿈.환상으로 분별합니다. 함께 살고 만나면서 그 사람이 그러한가를 삶으로 분별합니다. 인격이 어떤가, 사람을 어떻게 대하고 있는가, 무례한가, 친절한가, 또 영으로 어떠한 단계의 사람인가, 삼층산을 사람에게 대비하고 하나님의 치리법(참고, P32)에 이 사람은 어떠한 것으로 복을 받고 어떠한 것으로 저주 아래 있는가를 분별하고, 도울 것과 도움을 받을 것에 대해서 천천히 접목하고 대처하며 사랑하며 십자가 안에서 행복하기를 구한다.

우리가 어렸을 때에는 무분별하여 많은 사람에게 욕을

먹기도 하고 욕을 하기도 한다.

그러나 점점 성장하여 성령의 충만을 받게 되면 하나님을 사랑하게 되고 그 사랑으로 사람을 사랑하게 된다. 분별력 없이 덤비다 보니 본의 아니게 많은 아픔을 겪게 되었다. 여러분도 똑 같은 것으로 알고 있다. 그런데 이런 일을 계속하면서 그를 원망하고 그럴지 몰랐다는 말을 계속하기에는 나의 삶이 피폐해지고 나 때문에 내 가족과 사랑하는 자들의 아픔은 말로 할 수가 없다.

이제는 성장된 모습을 배우고 익히며 가르쳐야 될 때가 되었기 때문에 나같은 사람도 만드셨을 줄로 안다. 우리의 삶 속에 웃음과 행복이 가득하시기를 축복한다.

• 신천지의 술책 : 귀신들이 만들어준 우리 입의 말, 원망, 불평

모든 것을 이해하고 사랑하려고 하는 것이 아니라 보는 대로 원망하고 불평하는 귀신들의 인격을 이제 버려야 한다. 분별하고 이해하려고 해야 한다.

그들이 귀신의 사람이므로 그 원망불평을 이용하여 사람을 데려간다. 이런 우리의 인격을 버려야하지 않겠는가?

• 어딘가 배우러 갈 때도 분별해야 한다. 사방팔방으로 가자고만 하면 따라다니는 이유가 무엇인가? 발에 역마살 귀신들이 붙어 있다. 분별해야 한다. 많이 배운다고 좋은가? 머리만 커져서 그 배운 것으로 사람 공격하고

그것으로 원망하고 불평하고 행하지는 못하는 이 나라 종들과 백성들은 손을 걷어 올리고 말만하는 못된 행실을 버려야 하지 않겠는가? 기도만 하러 다니면 되는가? 내가 무엇을 하여야 하나님이 기뻐하시고 내 문제를 해결해 주실 것인가를 생각해야 되지 않겠는가? 나를 분별하고, 만나는 모든 것들을 꿈.환상으로 분별하고, 움직이자. 분별치 않으면 이단에 빠져 내 영혼도 지옥 간다.

• 돈으로 사람을 사려고 하지 말라.
  진리로 사야한다 진리는 내 삶에 간증이다. 잘되는 것을 보고 따라야 한다.

• 분별하여 이웃을 사랑하자.
  이웃을 사랑하는 자는 율법의 완성 자니라.(롬13:10)

(2) 십자가로 이루신 예수님의 놀라우신 일

창3:22-24
생명나무

계 시 록
2:7, 생명나무 열매
22:14, 생명나무에 나아가는 법
22:17, 성령과 신부

예수님의 십자가 사건은 우리에게 생명을 주시기 위해서(요1:4) 생명나무의 길을 트셨다.(창3:22-24) 우리에게 생명나무의 열매를 먹게 하시고(계2:7)

생명나무에 나아가 권세를 가질 수 있는 방법을 제시했다. (계22:14)

계22:17절은 성령과 신부가 나온다. 이 말씀은 성령께서 세운 신부는 에스더와 같은 신부가 되는 길이다. 통치당한 신부인 것이다.(계19:6)

(3) 성령 충만과 통치는 어떻게 다른가?(계19:6)

통치당한 뒤에 우리는 신부로서 예수님의 신부가 되는 말씀이다. 성령 충만은 기름과(마25:1-) 물이다.(요3:1-) 그러므로 기름은 닳고 물은 더러워지므로 성령 충만이 떨어지면 사람이 금방 변하여 육의 삶이 오므로 죽을 일이 또 생긴다.(롬8:12,13)

월 십일조의 금식(수,목,금 3시까지)을 천국 가는 그날까지 하므로 성령 충만이 유지되고, 유지시키는 그만이 통치를 당할 수 있다.

육신의 생각이 성령 충만을 뛰어넘을 수 있는 날짜가 20년의 금식을 하고 연구한 결과 3주이다. 4주째 월 십일조의 금식을 드리면은 통치당할 수 있는 길이 생기고, 통치당하면 신부로서 에스더와 같이 나라와 민족을 구원하는 역사를 이룰 수 있다.

(4) 누가 우리를 통치할 것인가?

- 목사가 사람이 나를 통치하면, 돈도 있다가 사라지고 병들어 아파죽게 만든다. 일만 많이 해야 충성이라고 가르쳐서 365일, 일만 시켜먹고 결국 영혼이 피곤하여 몸에 병이 듦으로 버림받게 된다.

- 예수님께서 우리를 통치하시게 나를 드리면 자유가 온다. 일만하지 말고 안식 중에 안식을(레16:29- 23:26-) 취하라고 꿈에 말씀하신다.

  일만 많이 하는 것을 좋아하시고 본인이 피 흘리셨듯이 우리도 피를 흘리며 일하는 것을 좋아하시는 줄 알았는데 전혀 아니셨다. 쉬어가며 하고 건강지켜 가며 하라고 우리를 꿈.환상으로 성경으로 이끌어주신다.

  내가 배운 것 하고는 너무 다르다. 목사님들은 그렇게 안 가르치셨다. 돈 문제, 건강 문제, 자녀들의 문제, 가정의 문제가 해결된다.

- 통치당하는 방법, 삼각형의 1, 2, 3,을 나의 혼에 새겨 새롭게 만들고 월 십일조의 금식을(수,목,금) 빠짐없이 드린다.(욜2:15)

- 이 방법이 예수님께서 나와 사랑하는 자들이 통치당하는 자유의 율법이며 성령이 이끄시는 방법이며 율법과 선지자를 폐하러 온 것이 아니라 온전케 하시는 방법이다.(마5:17-)

  이 방법이 예수님의 제사장 신부를 만드는 성경의 방법이며 우리가 행복 할 수 있는 방법인 것이다.(신10:13)

- 새로운 설교법
  - 위로 하나님 사랑 아래로 이웃 사랑의 십계명과 (출20:1-1-4계명, 하나님 사랑, 6-10계명은 형제사랑) 예수님의 말씀(마22:37-40)을 40:60으로 하나님 사랑과 형제 사랑의 비율을 맞추어 설교해야 한다.
  - 십계명을 지키고 지키게 가르치면, 사탄은 죽고 복이 온다.(출20:1-)
    십계명의 해석 – 율법이요
  - 율법을 삶으로 적용해주는 시119:105절의 "주의 말씀은 내 발의 등이요 내 길에 빛이니이다."의 말씀을 내 삶에 정확히 접목해 주는 것이 분별의 열쇠인 꿈ᆞ환상이다.(행2:17-21)

(5) 통치당하며 가는 성경의 단계

① 높은 곳을 향하여 가는 단계의 합격 삼각형(성령 충만받는 비결, 참고 P44)을 우리의 삶에 접목하여 다달이 월 십일조 3일을 하나님께 드리며 삼각형을 계속 배워 순종해 나간다.

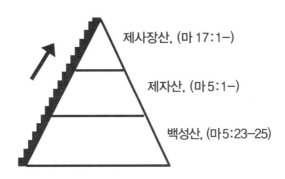

제사장산, (마 17:1-)

제자산, (마 5:1-)

백성산, (마 5:23-25)

② 형제를 섬기는 것의 합격

삼각형의 원리(참고 P44)를 혼에 새기며 형제를 사랑한다. 마5:38- 이하로 한다. 하루를 이렇게 행복하게 살면 합격

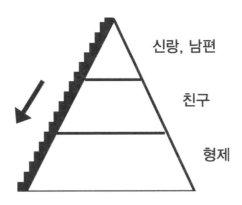

신랑, 남편

친구

형제

엡4:32

- 친절하고 예의 바르게
- 불쌍히 여기며
- 하나님이 그리스도 안에서 우리를 용서하심 같이
  용서한다.

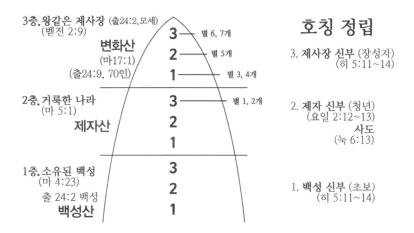

3층.왕같은 제사장 (출24:2.모세)
(벧전 2:9)
변화산
(마17:1)
(출24:9, 70인)

2층.거룩한 나라
(마 5:1)
제자산

1층.소유된 백성
(마 4:23)
출 24:2 백성
백성산

3 ──── 별 6, 7개
2 ──── 별 5개
1 ──── 별 3, 4개
3 ──── 별 1, 2개
2
1
3
2
1

호칭 정립

3. 제사장 신부 (장성자)
(히 5:11~14)

2. 제자 신부 (청년)
(요일 2:12~13)
사도
(눅 6:13)

1. 백성 신부 (초보)
(히 5:11~14)

- 3층, 장성자, 고전13:11, 14:20, 엡4:13, 히5:14,
  11:24, 약1:15, 시144:12, 렘12:2,
- 2층, 청년, 마19:20,22, 막14:51, 16:5, 눅7:14,
  행7:58, 딤후2:22, 요1서2:13,14 창41:12, 44:2
- 1층, 초보자, 히5:12, 히6:1
- 이러한 단계를 알아야하는 것은 섬김을 원활하게
  하기 위해서이다. 애기 영혼인지, 모든 것에 단련된
  장성자인지, 아님, 초등학교를 보내야 될 사람인지,
  신부학교를 보내야 될 사람인지를 알아보는 것이 이와

같은 단계이며 이외에도 하늘의 단계는 3단계, 5단계,
7단계 이와 같은 단계를 말할 수 있다.

- 1층 2층 3층 외에도 층마다의 단계를 이와 같이 나눌
수 있기 때문이고 계1:20절의 일곱 교회의 단계도
모두 다르다. 빌라델비아 교회처럼 칭찬만 있는 교회는
단련되어 하나님의 뜻대로 움직이는 교회이기 때문이다.

❖ 예

작은 능력을 가지고 큰 일을 할 수 있는 것은 큰 믿음이
있으면 된다. 예수님께서 큰 믿음은 어떤 것이라고
했는가 보자.

• 큰 믿음(마15:21-28)
예수님 앞에 자신이 개라고 인정한 수로보니게 여인
우리는 어떤가? 누가 개새끼라고 하면 열 배를 더
화내고 너는 개새끼가 100배라고 말해주는 우리하곤
다르지 않는가? 이것을 예수님께서 믿음이 크다고
인정해 주셨다. 능력 없는 우리도 큰 믿음을 소유할
수 있다. 모든 사람이 나를 개새끼라고 하면 그렇다고
인정하라. 개새끼여서 미안하다고, 기도해달라고
또 나를 칭찬하는 사람에게 우리가 어떻게 했는가?
아니라고 겸손한 척 했다. 이것이 바로 나를 믿음 없는
자로 하늘이 들으신다.

• 그래서 우리는

예쁜 나도 감사하여 주께서 하셨어요.

개새끼인 나도 맞아요, 제가 개새끼 맞아요, 고칠게요, 기도해주세요 할 때 능력 없는 나도 큰 믿음으로 일 할 수 있는 것이다.

• 때에 맞는 아름다운 말은 은쟁반에 금 사과니라. (잠25:11)

• 입에서 나오는 어떤 말보다는 그 사람의 마음을 아는 것이 더욱 중요하다.

• 미련한 자는 입에서 나오는 말만 듣고

• 지혜로운 자는 왜 그 말을 하는지를 생각하게 될 것이다.

• 때에 맞는 아름다운 말, 생각하면 얼마나 아름다운가요. 그러나 우리는 때에 맞는 아름다운 말이 아니라 때에 맞게 독하고 천하고 아픈 말들을 쏟아내며 사람들을 아프게 한다. 특히 나의 사랑하는 남편이나 아내, 자녀들을 아프게 한다. 너무나도 사랑하면서 입으로는 독을 품고 사는 독사 같은 말과 행동을 하며 살고 있는 것이다.

이것이 왜 이렇게도 어려운 것인가? 그것이 귀신들이 철장을 쳐놓고 복 못받게 하려고 만들어진 우리의 조상들의 우상 숭배한 죄의 값인

것이다.(계16:13-14)

이것들을 해결하기 위해서 금식과 함께 고치기 위한 노력이 필요한 것이다.

은쟁반에 금 사과 얼마나 아름다운가?

아내는 쟁반이요, 남편은 사과라.

잠언11:16절에서는 유덕한 아내는 존영을 얻고 근면한 남편은 재물을 얻느니라.

결국 같은 말이다.

금 사과인 남편이 금을 많이 갖고 있다 할지라도 쟁반인 아내가 받쳐 주지 못하면, 그 사과는 땅으로 굴러가서 더럽게 되고 짓밟혀 그 누구도 그것을 알아주지 않는 한 개의 사과가 될 뿐인 것이다. 근면한 남자의 재물을 유덕한 여자가 만들어주는 것이 성경인 것이다.

우리의 말, 우리 민족의 말 이제는 고쳐야 한다.

아이고 죽겠네, 어휴 미치겠어, 지랄하네, 염병하네, 개새끼, 미친놈, 별의 별 욕이 다 있는데요.

"욕이 영광을 가리리라" 합2:16

나라가 너무나 더럽게 되고 어려움과 고통, 북의 핵 위협, 그것을 넘어서 나라의 근간을 흔들고 있는 이런 일들이 왜 생겼다고 생각하십니까?

입에 물고 다니는 욕 때문이 아닌가요?

아버지께서 가장 힘들다고 고통하시는 분야가 우리 민족의 욕입니다.

욕 얻어먹을 놈한테 욕하지 뭐라고 하느냐고 어떤 분이 그러셨는데요.

여러분, 그 욕을 내가 안고 이제는 고쳐야합니다.

씨 심어 놓고 똥 부어버리는 것이 욕이라고 하셨어요.

그러니 그렇게 많은 기도와 말씀을 배우고 이리저리 몰려다니면서 배우고 익혔지만 우리 민족의 가정과 교회 나라가 이런 꼴이 된 것은 분명히 잘못된 우리의 행실이 있다는 것입니다.

나타난 나라의 현상은 우리의 행위를 회개하라고 내리신 아버지의 벌이라는 것을 우리 모두가 깨닫고, 고치고, 회개하고, 새롭게 해야 하지 않겠는지요.

모여서 데모만, 소리만 지르고 똑같이 욕하고 손가락질하는 똑같은 행동을 한다면 우리에게 소망은 아주 사라집니다.

이제 금식하고 기도하여 회개하고 용서하고 우리의 잘못되고 더러운 행동들과 저주스러운 입을 고쳐내야 합니다(사58:9).

그래야 하늘이 우리에게 사랑스러운 복을 내리실 수 있답니다.

우리가 다시 생각하고 다시 돌아보아 무엇이 잘못되어서 이렇게 하나님의 진노가 이 나라에 닥치고 있는 것인지 믿는 우리가 먼저 돌아봐야 되지 않겠는지요?

가르치고 있는 목사님들이 다시 생각해야 되지

않겠어요?

주께서 새롭게 할 수 있는 깨닫게 하는 은총을 우리에게 내려주실 줄 믿습니다.

③ **"하늘에 계신 너희 아버지의 온전하심 같이 너희도 온전하라"**(마5:48)하신 말씀을 이루며 율법의 완성은 사랑이라신(롬13:8) 말씀을 이루어 오늘도 성령의 자유는 성경의 자유라는 말씀의 은혜에 감사드린다.

④ **작은 능력으로 빌라델비아 교회**(계3:7-)처럼 칭찬받으며 성전 기둥(이 땅의 일)이 되는 법을 터득하면 쉽다. 작은 능력의 소유자는 큰 믿음을 가지면 된다. 예수님께서 큰 믿음의 소유자를 칭찬하셨다. 수로보니게 여인이다(마15:21-28). 자신의 딸을 고쳐주기를 구하는 여인에게 "자녀에게 먼저 배불리 먹게 할지니 자녀의 떡을 취하여 개들에게 던짐이 마땅치 아니하니라." 이 말씀은 "너는 개다 그래서 줄 수 없다 하시니 예! 제가 개입니다. 개들도 주인의 상에서 떨어진 부스러기를 먹나이다."하니 "여자여 네 믿음이 크다 네 믿음대로 될지어다" 하시고 그의 딸이 나았다.

우리는 너무나 큰 일을 위하여 목표를 가지고 너무나 큰 능력을 원했고 그렇게 주셨다. 그런데 우리의 민족은 그 큰 능력으로 많은 영혼들을 구원하여 지금에 이르렀으나 이미 성경과 예수님을 버렸다. 버려가고 있는 것은 목표 지향적인 삶을 가지고 가다보니 나의 행복도 영혼들의 행복도 잃어버린 채 엄청난 큰 일을 위하여 나의 영과 사랑하시는 자들의 영을 희생시키고 있는 것이다. 그 목표를 위해서 예수님을 잊어버리고 십자가도 잊어버리고 너무나 삭막하게도 그 목표만 남아있는 것이다.

그 목표와 소망이 과연 무엇을 위해서인가? 하나님인가? 사람인가? 누가 되었던 간에 우리 하나님 아버지는 우리가 행복한 걸 원하신다.(신10:13) 그 소망과 목표가 이루어지든 이루어지지 않든 간에 오늘 나에게 주신 하룻길의 나그네 인생을 사랑하는 자들과 행복하게 사는 것이다.

.수로보니게 여인처럼 예수님이나(꿈.환상으로) 사람이 나를 개라고 책망하면 맞습니다. 저는 개입니다. 기도해주세요.

.또 칭찬하는 사람이 있다면 감사로 받고 교만하지 않는 것이 작은 능력자다. 너무나 나를 높이다 못해 자기가 예수가 되고 자신이 하나님이 되어서 사랑하시는 자들을 내려다보는 큰 능력자는 아니 되는 것이 좋은 듯하다.

우리는 이제부터 새로운 인격, 새로운 믿음, 새로운 능력을 다시 배워서 겸손히 주를 섬길 때에 아버지 예수님 성령님께서 기뻐하시고 나라와 개인의 가정을 영(죽어서 천국), 육(땅의 소망 이룸) 구원하실 것을 기대하며 감사드린다.

⑤ 작은 믿음

마6:30, 돈의 근심자

마8:26, 바람보고 놀랄 때

마14:31, 바람보고 베드로 의심할 때

마16:8, 떡이 없으므로 근심할 때

마17:17, 믿음 없고 패역한 세대에게

⑥ 큰 믿음

마8:10, 말씀만 하시옵소서 하신 백부장

마9:2, 중풍병자를 데리고 온 친구들

마9:22, 예수님의 옷자락을 만지고 혈루증 나은 여인에게

마9:29, 맹인, 네 믿음대로 되라.

마15:28, 수로보니게 여인에게

작은 능력(계3:5)은 큰 믿음이 필요하다.

고로 사랑하는 예수님이 답이다. 그것이 성경이다.

⑦ 예수님께서 원하시는 하루를 완전하게 행복할 수 있는
방법

책망하면, 감사합니다. 고치겠습니다, 실망하지 않는다.

칭찬하면, 감사합니다. 교만하지 않는다.

칭찬은 주께 영광!

책망은 내가 잘못한 것이다.

이렇게 하루를 살면 자유하고 누가 나무라든 나를 누가
칭찬하든 행복하게 살 수 있다.
나는 죄인이기 때문에 반드시 책망거리가 있기 때문이다.
그래서 나에게 십자가는 최고의 사랑이다.
죄인에게 천국 보내주시는 길을 열어주셨기 때문이다.

6) 어디를 고칠 것인가?

우리의 행동을 운행하고 있는 혼 즉 마음이다.(히4:12)

(1) 우리의 혼의 모습 (혼은 곧 우리의 인격이다)

첫째, 성령 충만한 혼

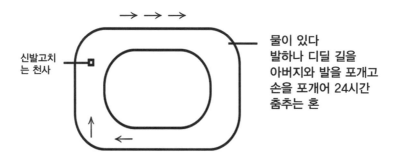

둘째, 성령 충만하지 않는 거꾸로 가는 혼

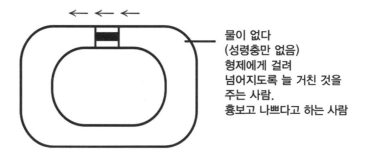

셋째, 원망 불평 혼

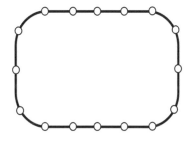

아예 성경의 길이 없다
성령이 없다는 것
걸음마다 원망 불평

(2) 혼과 마음이 무엇인가를 말하는 성경

- 자기 마음에 확정하라, 롬14:5
  → 마음, 혼에 확실하게 정해 놓으라, 습관되게 하라, 새겨놓아라.

- 유다의 죄는 금강석 끝 철필로 기록되되 그들의 마음 판과 그들의 제단 뿔에 새겨졌거늘 그들의 자녀가 높은 언덕 위 푸른 나무 곁에 있는 그 제단들과 아세라들을 생각하도다.(렘17:1,2)
  → 마음 판에 뿔, 머리에 새겨진 것이 하나님을 사랑하는 것이 아니라 아세라들을 생각한다고 했으니 다시 우리의 마음 판에 성경을 뿔에 하나님을 생각하는 것을 새겨 넣는다면 복받겠지요. 그런데 그것이 금강석 철 필 끝이라 했으니 얼마나 단단하겠어요. 금강석은 3000도에서 녹는다고 하니 말이에요. 그런데 그보다

더 뜨거운 것이 성경과 금식이었어요. 영락없이 그것을 지우고 성경을 세기고 하나님을 생각할 수 있게 하셨답니다. 승산이 있지요 해보실까요?

- 인자와 진리가 네게서 떠나지 말게 하고 그것을 네 목에(생명) 매며 네 마음판에 새기라. (잠3:3)
  → 사람을 사랑하고 잘되는 방법을 마음판에 새기라고 하십니다. 렘17:1절에 새겨진 것, 나쁜 것을 좋은 습관으로 새기라고 하시는 겁니다.

- 무릇 지킬 만한 것 중에 더욱 네 마음을 지키라 생명의 근원이 이에서 남이니라. (잠4:23)
  → 마음을 지켜야 생명이 살아난다는 말씀입니다.

(3) 혼의 성경

- 평강의 하나님이 친히 너희를 온전히 거룩하게 하시고 또 너희의 온 영과 혼과(또는 목숨) 몸이 우리 주 예수 그리스도께서 강림하실 때에 흠 없게 보전되기를 원하노라.(살전5:23)
  → 여기에 혼이 마음판이라면 좋은 것들이 새겨져 있어야 보전시킬 수 있겠지요.
  죽겠다 미치겠다 환장하겠다 등 갖가지 욕이 새겨져 있다면 보전할 수 없겠지요.

- 자기의 생명을(영혼) 사랑하는 자는 잃어버릴 것이요 세상에서 자기의 생명(영혼)을 미워하는 자는 영생하도록 보존하리라.

  → 여기에 자기의 생명이 무엇이겠어요, 바로 혼에 새겨져 있는 습관입니다. 주를 따를 때 그것 버리지 않는 자는 자기의 생명을 사랑하는 자요, 그것을 버려 성경으로 돌아가는 자는 자기의 생명을 미워하고 영생하도록 보존하는 사랑받는 성경의 혼을 가지게 된다는 것입니다.

- 지금 내 마음이(영혼) 괴로우니 무슨 말하리요.(요12:27)

  → 예수님께서도 자신의 마음이 괴롭다고 하셨어요.

마음판에 새겨진 성경이 아닌 우리가 욕하고 흉보고 원망, 불평하는 일들이 우리의 마음판에 새겨져 있어서 이것을 고치기가 그렇게 어렵습니다.

그러니 무엇을 하려하지 말고 조용히 날마다 성경을 읽고 또 예배와 하나님을 만나는 금식과 꿈.환상이 우리의 혼에 다시 새겨질 때, 금강석 철필의 마음판이 바뀌어서 하나님과 사람을 사랑하게 되고 배려하게 되고 또 안될 때는 십자가를 바라보고 아무리 아파도 예수님의 십자가보다는 아프지 않다는 생각을 마음 판에 새겼더니 아무리 나를 욕하고 박해하고 고난을 주고 아픔을 주어도 견디고 사랑할 수 있게 되었답니다. 여러분도 해보시겠어요?

7) 어떻게 고칠 것인가? (말3:1-18)
온전한 십일조로, 은과 금으로

(1) 무엇으로 고치는가?
불과 잿물로(불같은 삶과 아프고 쓰린 고난을 통하여
하겠다)

(2) 행위의 십일조로 행동을 고치고자 하신다. (말3:5)

- 점치는 자 . . . 바른 예언할 수 있도록
"너희가 아브라함과 이삭과 야곱과 모든 선지자는 하나님
나라에 있고 그 외에 사람은 밖에 쫓겨난 것을 볼 때에
거기서 슬피 울며 이를 갈리라" 눅13:28
→ 이 말씀에 선지자가 있다. 그러나 벧엘의 늙은 선지자는
빼야 한다. 늙어서 젊은 선지자가 받은 예언을 자신의
습관된 응답을 가지고 죽인 선지자다 거짓선지자인
것이다.(왕상13:11-)
우리가 오래 하나님의 일을 하다보면 습관적으로 사람의
말을 들어주고 습관적으로 가르쳐주고 습관적으로 모든
것을 판단하여 알려줄 때가 있는데 조심해야 한다. 우리
벧엘의 종들은 언제나 사람과 사람 사이에 하나님을
모신다. 그것이 바로 꿈.환상이다. 늙은 선지자처럼

지옥갈 일은 없을 것이다.

- 간음하는 자. . . 하나님 기뻐하는 금식으로 정결한 사람으로 만든다.
- 거짓 맹세하는 자 . . . 서원이라고도 한다. 지키는 사람으로 만든다.
- 품군의 삯을 억울케 하는 자 . . . 그것을 잘 지불해주는 정직한 자로 만든다.
- 나그네를 억울하게 . . . 나그네에게 사랑을 베풀고 돌봐주게 만든다.
- 나를 경외하지 않는 자 . . . 완악한 말로 주를 대적자.
  → "하나님을 섬기는 것이 헛되다 만군의 여호와 앞에 명령을 지키며 슬프게 행하는 것(금식)이 무엇이 유익하냐" 하지 말자. (말3:14)
    "교만한 자가 복되다, 악을 행하는 자 번성, 하나님을 시험하는 자가 화를 면한다" (말3:15)
. 여호와를 경외하게 만든다. (말3:16)
  → 위의 사람들이 어떤 말을 하더라도 나는 겸손히 금식하고 기도하며 주의 명령을 지키고 겸손하게 선을 행하고 주의 뜻을 따르는 자로 만든다.
    피차에 하는 말이 복되게 만든다.
    내 아내도 내 남편도 복둥이
    내 자식도 내 부모도 복둥이
    내 손자손녀도 복둥이 내 할아버지도 할머니도 복둥이

나를 만난 사람은 모두 복둥이다.
모두 복받게 될거니까
이유는
내가 하늘나라 복둥이니까
이렇게 고치면 하나님께서 기뻐하실거니까요.

(3) 물질의 십일조와 봉헌물도 잘 드린다.(말3:7-12)

→ 행위의 십일조와 돈의 십일조를 동일하게 잘하는 혼(마음 판)으로 습관이 되게 한다.

이렇게 될 때에 하나님께서 우리의 혼(마음 판)에 습관 되어진 아름다운 행위의 습관을 따라 복 주시고 기뻐하신다. 민6:23-27

★ 주의 종(목사)의 월급은 얼마일까?
천하보다 귀한 영혼의 값이므로 천하의 값이다.

모두 한 달에 한 번씩 월급을 받는다. 그러나 주의 종은 실시간으로 받는다.
이것이 하나님 아버지께서 귀하게 여기시는 주의 종들의 값이다. 이 나라의 종과 백성들이 하나님 아버지께서 주시는 놀라우신 복을 아름다운 습관 된 성경의 행동으로 말미암아 '복' 받으시기를 예수님의 이름으로 축복한다.

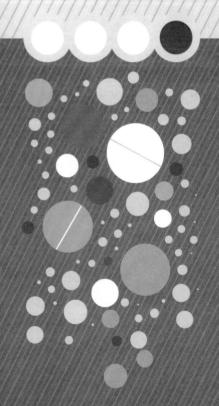

3장 꿈·환상

1. 꿈 · 환상 해석을 성경으로 쓰게 된 목적

첫째, 하나님의 구원 백성이 물과 성령으로 거듭나 하나님의 나라에 들어가게 하여(마음 성전에 성령님을 모시는 것, 요3:5) 예수님의 기이한 빛에 들어가게 하신 덕을 선포케 하는데 있다.(벧전2:9)

둘째, 독수리 두 날개로 예수님을 살려 왕 되게 하시기까지 쉬지 않고 하나님의 보살핌이 있었던 것처럼(계12:1-17) 우리도 살아계신 성령께서 꿈 • 환상으로 그렇게 지도하셔서 큰 독수리(큰사람)로 만들어 크게 사용하시고 행복하고 자유하게 하며 큰 능력과 권세를 가지고(계22:14) 하나님을 자랑케 하여 복음을 능력있게 전하려는데 있다.

셋째, 예언을 분별하여(마음에 예언, 겔13:1~, 요13:2, 생각나게 하심, 요14:26, 자기 마음을 믿는 자는 미련한 자요, 잠28:26) 나의 바른 길을(잠23:26) 정하여 불순종을 면하게 하고 자신의 마음을 아버지께 드리도록 훈련시키려는데 있다.(잠23:17, 19, 26)

넷째, 교회를 분별하고 주의 종들의 영성을 분별하여 이단에 빠지지 않게 하고

다섯째, 사람의 영의 상태를 보고 참기만 하는(딤후2:24) 것이 아니라 이해하게 하며

여섯째, 말세가 되면 그리스도라 하는 자가 많아지고(마24:5) 많은 사람이 실족하게 되고, 미워하게 되며(마24:10) 거짓 선지자가 일어나 많은 사람을 미혹하게 되고 불법이 성하므로 많은 사람의 사랑이 식어지리라(마24:12) 그러나 끝까지 견디는 자는 구원을 얻으리라 하셨는데 견딜 때에 예수님께 여쭤봐야지 그 누구에게 물을 수가 없는 시대이다.

유다의 야호사밧왕 때 북이스라엘의 아합 왕때에 400:1의 예언이 이루어졌고 400명의 예언자가 아합을 죽이고자 하시는 아버지의 뜻에 따라 예언했다. 그런데 미가야 선지자가 정확하게 예언했다. 어떻게 그렇게 했을까? 그것은 보고 말했기 때문이다. 예언은 보이지 않는데 나쁜 영들을 받아들여서 아합을 죽이는 일에 쓰임을 받게 되었다. 그것을 면할 수 있는 길이 바로 보는 것, 꿈ㆍ환상으로 보는 것이다(대하18:18)

그래서 꿈.환상으로 아버지께 직접 여쭤 보고 나의 갈 길을 지도받아 내 영혼을 내가 지켜내는 것이 우리의 구원의 방법(행2:21)이며 생명의 길(행2:28)이다. 응답의 방법을 또렷하게 영화를 보듯이 하여 나처럼 행복해지길

바라며(계1:2) 우리 예수님의 생명을 자랑하길 간절히 원하는
아버지의 뜻을 전하기 위해서이다.

- 비유로 되어 있어 해석이 필요하다 (마13:10)
- 그림 공부라고 하신다
- 꿈 · 환상으로 아버지와 대화를 이루면 (행2:17-21,
  욜2:28-32)

① 예언, 마음, 생각 분별 (요13:2)
② 교회 분별, 이단에 빠지지 않기 위하여 (잠22:14)
③ 목사님 모시는 응답 법, 잘못 모시면 교회가 분열되거나
   성도들의 삶이 평안이 없다. (행10:19,20, 16:6-10)
   (이미 너무나 많은 교회들이 여기에 빠졌다)
④ 사람끼리 의논하지 않으면 사울처럼 죽을 일은
   없을 것이다(대상10:14) 사울은 변명하다 죽은
   왕이다(삼상15:30) 그러면 내 가정과 교회에 하나님,
   예수님, 성령님이 살아계셔서 큰 역사를 이루게 된다.
⑤ 독수리같이 큰 사람이 될 수 있다(계12:14), 하나님의
   사람이 하나님의 언어를 알아들으면 크게 되는 것은
   당연하다. 요셉이 표된 인물이다. (창41:37-)
⑥ 죽 읽어 나갈 때에 꿈을 해석하는 능력이 임하게 하소서
⑦ 자주 나오는 단어 안내
   * 사마귀 : 사단, 마귀, 귀신
   * 시간은 숫자로 찾는다

* 숫자는 마지막에 있다
* 중요한 단어가 앞에 있고 설명은 뒤에 있다
* 영어도 우리말로 바꾸었다
* 같은 단어가 없으면 비슷한 단어로 찾는다

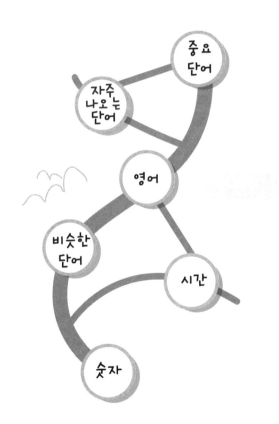

2. 사람은 모두 꿈 · 환상을 꾸고 본다. (민12:6)

하나님의 사람이든 아니든 모든 사람들은 꿈을 꾼다.
하나님께서 우리를 그렇게 만드셨기 때문이다.
"나 여호와가 환상으로 나를 그에게 알리기도 하고 꿈으로
그와 말하기도 하거니와"(민12:6)
꿈.환상은 영이신 하나님께서 우리와의 대화의 통로로
쓰시려고 처음부터 그렇게 만드신 것이다.

1) 성경에 꿈을 꾼 사람들

- 아비멜렉, 창20:2,3
- 야곱, 창28:12, 31:10,,11
- 라반, 창31:24
- 요셉, 창37:5-20
- 술맡은 관원장, 떡굽는 관원장, 창40:5-16 :
- 요셉, 창42:9
- 꿈으로 그와 말하기도 하고, 민12:6
- 우림으로도 꿈으로도(우림과 둠밈과 꿈으로도 대화했다는 것),

삼상28:6-15,

- 솔로몬은 꿈을 깨어 꿈에 말씀하신 하나님의 말씀을 그대로 믿고, 예루살렘에 이르러 언약궤 앞에 서서 번제와 감사의 제물을 드리고, 모든 신하들을 위하여 잔치하였더라. 이러므로 솔로몬 왕이 유명한 왕이 아닐까요? 왕상3:5-15
- 욥, 욥7:14
- 다윗, 시73:20
- 포로된 백성, 시126:1
- 느브갓네살왕, 단2:1-45
- 다니엘, "꿈을 능히 해석하며 은밀한 말을 밝히며 의문을 풀 수 있었음이라" 단5:12, 7:1-
- "그 후에 내가 내 영을 만민에게 부어 주리니 너희 자녀들이 장래 일을 말할 것이며 너희 늙은이는 꿈을 꾸며 너희 젊은이는 이상을 볼 것이며 그때에 내가 또 내 영을 남종과 여종에게 부어 줄 것이며" 욜2:28, 행2:17
- 마리아의 남편 요셉, 마2:12-22
- 기드온 때 적진에서, 삿7:13-15,

2) 좋지 않은 꿈을 꿨으나 그것을 바꾼 사람들

- 바로, 창41:5-32
- 아비멜렉, 창20:6,7
- 빌라도 총독의 아내, 마27:19

3) 꿈을 해석해 줬으나 자신의 삶을 바꾸지 못한 사람 (단4:5-19)

- "느브갓네살 왕 (혹시 왕이시여 내가 아뢰는 것을 받으시고 공의를 행함으로 죄를 사하고 가난한 자를 긍휼히 여김으로 죄악을 사하소서 그리하시면 왕의 평안함이 혹시 장구하리이다 하니라(단4:27), 옛것을 회개하여 공의, 하나님과의 화해를 청하고 가난한 자들을 불쌍히 여기시고 그렇지 못한 것이 있으면 회개하시면 혹시 아버지께서 불쌍히 여기시고 이 일을 이루지 않으실 수 있다는 것이다. 그런데 그는 회개하지 않았고 하나님이 자신을 그렇게 만드실지 몰랐다. 그러나 그것은 1년 후에 그대로 이루어졌다. 우리도 혹시 그런 일이 있는지 살펴보아야 한다. 사랑의 하나님이 우리를 어떻게 그렇게 하실 수 있는가? 세상이나 하나님이나 법을 어기면 죄값을 치르게 하려고 법이 있는 것입니다. 죄인인데도 그 죄를 깨달았을 때 회개하여 용서를 받고 감사할 수 있는 것이 우리 주 예수 그리스도의 피의 은혜이다.

4) 꿈을 해석해 줬더니 그것을 믿고 그대로 선지자를 등용하여 자신과 자신의 백성 그리고 주위 나라까지 살린 사람, (창41:42) : 요셉을 등용한 바로 왕

3. 하나님의 사람의 꿈과 그렇지 않은 사람들의 꿈의 비교

	하나님의 사람	하나님을 믿지 않는 사람들, (다른 신들을 섬기고 있는 모든 사람들)
어디에 대비 하느냐	성경에 대비, 영생을 주시고 복을 주시고 화는 예수 이름으로 해결한다	자신들의 삶에 대비하여 복화를 알려준다 해결책은 없다,
사람을 신이 쓰신다	하나님은 존귀와 영광을 주시고 영생을 주셔서 땅에서도 행복하게 천국에 가서도 행복한 은혜를 주시고 사랑해주신다. 자신의 아들 예수님도 우리의 죄를 용서해 주시기 위해서 주셨다	쓰고 지옥에 버린다. 많은 어려움과 고통을 준다. 사람의 행복을 원치 않는다. 도와 주는 것처럼 보이나 실상은 뒤엎어 불행을 주기 위한 작업일 뿐이다. 고후11:14,15
해석자	성령께서 주시고 성령의 사람이 성경을 가지고 해석, 삶을 복 되게 하시고 평안을 주시고 나쁜 일을 미리 알려 막아주신다. 회개케 하시고 책망,분별하시고 지도하시며 지시하신다. (마2:12)	믿지 않는 사람이 세상의 생각으로 해석한다 할 수는 있으나 해결책이 없고 마지막은 지옥이다

소리	하나님 아버지, 예수님, 성령님	아버지라 한다
법	성경에 생명의 성령의 법이(롬8:2) 있어서 하나님을 섬기게 하시고 법에 따라 복과 벌을 주시고 천국도 주신다. 십계명과 율법, 출20:1- , 레위기서와 성경이다	사마귀가 요구하는 것이 법이다. 때문에 무법이라서 자신들의 마음대로 섬긴다. 있다 해도 사람이 만든 법이다. 사람을 위하는 것이 아니라 그 신들을 위한 것이다
훈련	신을 섬기는 사람들은 금식하고 기도하면 꿈 · 환상이 보통 사람하고 달리 그 분야가 열린다. 그 외에도 예민한 영이 있어 신을 쉽게 접하는 사람들도 있다. 성령의 사람이 성경을 가지고 해석하면 있는 데다 더하는 은혜가 주어진다(마13:12)	
해석 방법	마음의 해석(겔13:1-, 육신의 해석을 할 수 있다 그래서 오류가 날 수 있으나 천국 가는 것은 걱정이 없다. 다른 신을 섬기라고 말하진 않기 때문이다 이단과 다른 종교를 막아주신다(신13:1-)	아무리 해석을 잘해서 풍요로운 삶을 가진다해도 마지막은 지옥이다. 인생은 종점이있다. 그것을 나도 너도 알고 있다(히9:27)
나를 따르라 (요 21:19)	우리 예수님은 나 있는데 너희도 있고 나를 따르라 하신다(신13:1-3) 그곳이 천국이기 때문이다	사마귀를 섬기는 사람들이 과연 그렇게 말할 수 있는 사람이 있을까? 아무도 그렇게 못했다. 어떤 사람은 나 있는 곳에 오지 말라고 했다 자신이 지옥가는 것을 알았기 때문이다

하나님 사랑 :		내가 네 마음을 안다
이웃사랑 :		내가 너를 안다

- 16년을 마음에 대못을 박은 육신으로 살고 있는 종들과 백성들의 야유와 손가락질을 당하면서도 포기하지 않고

첫째, 하나님을 위하여

둘째, 이웃을 위하여 나의 사명의 길을 포기하지 않고 달려온 저에게 강대상에 찾아오셔서 내가 "네 마음을 안다"고 하신다. 다시 아침잠을 자기 위해서 침대로 왔는데 하얀 옷을 입으시고 또 찾아오셔서 "내가 너를 안다"고 하신다.

위로 하나님 사랑, 아래로 이웃 사랑의 십계명을 실천하라시는 말씀을 가지고 살아온 세월 16년을 주께서 인정해주시는 것인가?

눈물이 앞을 가린다. 나타나신 예수님을 뵈면서 뭐라고 말씀을 드려야할 지도 모른다.

되돌아보며 무슨 말을 해야 할까 생각해 본다.

우리가 어떻게 하나님, 예수님, 성령님을 만날까?

꿈ㆍ환상이 아니면? 내 눈으로 확인하는 것이 가장 확실하다

예언은 다른 사람의 입을 통하여 만나는 하나님 몇프로의

효과가 있을까?

역대하 18:18절을 보라. 400:1로 예언과 본 것이 달랐다.

- 말보다 무서운 것은 사람의 마음을 아는 것이다.
- 하나님과 사람을 이길 수 있도록 도우시는 것이 성령께서 주시는 꿈·환상이다(창32:28)

  하나님의 마음도 사람의 마음도 알려주시기 때문이다 (롬8:27, 28)
- 꿈·환상을 가지고 사람을 공격하거나 악평하는데 쓰면 벌받는다.(민14:13, 14:36, 37, 잠25:10) 사람을 사랑하고 세우는 십자가의 사랑의 도구로 써야한다.
- 공의와(하나님 사랑) 정의를(이웃 사랑) 버리게 해서는 안 된다. 이간질하고 미워하게 하는데 쓰는 것은 사탄이 해석하여 나를 벌 받게 하려는 것이다.

- 감사를 알아야 하나님도 사람도 배신하지 않는다.
- 부모 자식 형제, 상대에게서 감사를 찾는 자에게 감사가 있다. 악을 찾는 자에게는 악으로 갚는다.
- 상대가 없으면 시험의 대상이 없기 때문에 십자가의 도를 완성할 수 없다.

  오른뺨 때리는 사람 만나도(마5:38-) 그는 나에게 항상 감사가 있는 사람이다. 나로 하여금 시험을 통과하여 승리자라는 이름을 갖게 할 것이기 때문이다.

4. 꿈 · 환상으로 무엇을 말씀하시나?

1) 오늘의 나의 삶을 분별 (마16:3, 롬12:2)

① 하루를 행복하게 살아라(신10:13)

② 잘못한 것 있으면 가르쳐 주신다(요16:8,9)

③ 그러면 용서해 주세요 용서해 주셔서 감사합니다. 회개한다(마3:2)

④ 고쳐달라고 하면서 최선을 다하며 하루를 산다

⑤ 조상들의 우상 숭배한 인격을 고친다(지랄하네 염병하네 죽겠네 미치겠네 등). 금식하며 회개하고 용서하며 고쳐 나간다(사58:6, 마18:21,22))

　* 우리의 인격이 성경을 닮은 것이 아니라 조상들을 닮은 것을 우상 숭배한 죄 값이라고 한다.

⑥ 가르쳐 주신 것에 대해서 감사하고 사랑한다고 고백한다. (시100:4)

2) 미리 알아서 움직이려 말라 그것은 사람을 너무 예민하게 만든다.

① 좋은 것을 보여준다: 감사합니다 하고 행복하게 산다.

② 나쁜 것을 보여준다 : 없애주세요 기도하고 금식하면 아버지께서 행복해 하시여 고쳐주신다.

③ 사람들이 나를 핍박한다 : 죄송합니다. 아버지! 복 받겠습니다.(마5:11,12)

④ 그 사람이 또 돌아와서 미안하다고 한다 : 잘왔어요, 사랑합니다. (마18:21,22).

3) 나의 길에 (사업, 이사, 사명등) 대해서 여쭤봐야 한다

① 내가 원했던 길이 아니라도 아버지께서 원하는 길을 따라간다. 순종이 열매이다. (삼상15:22)

② 내가 아무리 싫어도 아버지 원하시면 그 길을 간다.

③ 아무리 아무리 하고 싶어도 아버지 원치 않으시면 안 한다. 예수님도 그러셨다.(마26:39)

• 배우러 갈 때나 새로운 모임에 초대할 때, 잘 모르는 분들이 친절하게 접근할 때, 성경공부하자고 할 때, 어떤 곳이든지 가야 하나 말아야 하나 하는 곳이 있을 때, 친절하다고 무조건 따라갔다가 얼마나 많은 분들이 지옥 백성으로 바뀌는가! 내가 그런 사람이 되지 않으려면? 아버지! 갈까요

말까요! 하고 여쭤본다. 그때 좋은 꿈을 주시면 가고 나쁜 꿈을 주시면 안가면 된다.

이단이나 나쁜 친구는 내 삶을 무너뜨리는 최고의 적이다. 여쭤보면 시원하게 대답해 주신다.

* 하나님 만나는 최고의 방법이 되기도 한다. 살아계시면 대답을 하실 것이 아닌가? 삶의 오늘 하루가 너무 행복해진다. 사람이 아닌 영이신 하나님 아버지와 대화가 통하기 때문이다.

4) 하나님이 예수님을 이 땅에 보내신 이유

① 우리를 사랑하사 우리를 죄에서 구원하시려고(계1:5) – 초보자
② 그의 아버지 하나님을 위하여 우리를 나라와 제사장을 삼으시려고(계1:6) – 장성자

5) 하나님께서 성경을 통하여 우리에게 무엇을 말씀하시고자 하시는가?

삼위 일체 하나님에 대해서
첫째, 여호와 하나님, 계획하신 분(창조자, 창1:1–26)

- 꿈에 나오실 때 : 친정아버지, 시아버지, 대통령, 큰 나라의 대통령(그만큼 능력이 있으시다는 것)

둘째, 예수 하나님, 구원을 이루시는 하나님, (요19:30
- 꿈 : 남편, 오빠, 언니

셋째, 성령 하나님, 도우시는 분, 어머니(창27:13, 갈4:26)
- 꿈으로 나오실 때 : 어머니, 나의 예쁜 모습

아버지, 예수님, 성령님의 만남의 단계
- 1단계의 만남, 아주 멋있고 세상에서 볼 수 없는 어르신, 성령님은 나의 아주 멋진 모습
- 2단계 만남, 나타나시는 모습이 나의 영적인 모습 그대로(멋진 옷, 허름한 옷, 거지 옷, 벌거벗다, 모두 나의 모습)
  성령님도 어머니로, 언니로 나의 영의 상태로 나타나신다. 멋지면 멋지게, 거지 옷이면 내가 거지의 행위를 하고 다닌다는 것
- 3단계, 꿈으로 보여지는 여러 가지 모습들, 여기에도 여러 가지 단계와 가지가 있다

6) 문제를 해결 받으려면

- 말씀대로 살며 순종해야 한다.
- 말씀대로 살고 있는지 분별해야 한다.

- 분별되면 하나님 기뻐하는 금식하며(사58:6) 회개하고 용서해야 한다.

7) 주의할 것

- 개꿈이여 : 개소리 마셔요로 들으신다.
- 시덥잖다 : 시덥잖은 소리마세요
- 시지부지하다 : 시시한 소리마세요 이러한 뜻이 있으니 살아계신 아버지께서 듣고 계십니다. 그러시면 안 되겠지요.

8) 마 13:10-11 : 비유로 되어 있다.

천국의 비밀을 아는 것이 너희에게는 허락되었으나 그들에게는 아니 되었나니
- 너희 : 나(제자)
- 그들 : 상대편(서기관, 바리새인)
  - 항상 좋은 것은 나고 나쁜 것은 저들 같으나 이 말씀은 나 하나를 말씀하신다. 오늘 순종하면 너희는 내가 되는 것이요 오늘 불순종하면 그들이 된다. 아무리 좋은 꿈을 보여주셔도 순종하지 않으면 이루어지지 않는다.
  - 그러나 인간의 욕심이(마16:23) 들어갔다거나 나도 모르는 사이에 교만해져 있거나 하여 불순종하게 되면 사마귀가 들어오고 발람 선지자처럼 미친 사람이

된다(민22:1-, 수13:22, 벤후2:15-17, 계2:14)
그때부터는 사단에게 갇히게 되기 때문에 회개의 때를
주시기까지

첫째 : 꿈. 환상이 그가 원하는 데로 발람의 응답을 주신다
해석도 원활하지 못하여 내 삶이 잘되는 방법이 열리질
않는다.

둘째 : 회개시키고자 하는 꿈.환상이 주어지긴 하는데
무엇인지 알아볼 수 없다. 그것은 순종의 길에서 이미 이탈해
있기 때문에 해석할 수 없게 되어 불순종의 끝에 도달했을
때에야 내 삶이 피폐해지고 어려움이 왔을 때에야 깨달을 수
있고, 지난 시간들에서 이루어졌던 나의 불순종과 교만 때문에
잘못된 길을 그대로 허락하셨고 그것을 통하여 훈련으로
사용하셨던 것을 깨닫게 된다. 그래서 세상 욕심과 교만은
하나이다. 하나님의 때를(단9:27) 기다리는 동안에 오래
참음과 인내의 삶을(갈5:22) 초연한 마음으로 잘 받아드리고
서두르지 않는 것이 우리가 취해야 하는 행동 중의 하나이다.

• 하나님과 사람을 이기게 하시고 (창32:28, 37:1, 41:16)
  합력하여 선을 이루어 주시는 것이 (롬8:26,27) 꿈
  환상이다.
• 꿈을 가지고 사람을 공격하고 흥보는 데 이간질하고
  미워하는 데 쓰면 안 된다. 사람을 세우고 사랑하는데 써야

한다.

- 공의와 정의를 버리게 해석하면 안 된다. 공의 (하나님 사랑) 정의(사람 사랑)에서 벗어나서 해석하는 것은 사탄의 해석이다. 사탄은 나에게 꿈,환상을 줄 수는 없다.(행2:17) 그렇게 생각한다면 당신은 사탄의 사람이다. 그러나 해석은 육신의 생각을 가진 사람이 사탄의 해석을 할 수 있다.(마16:23) 십자가의 사랑에 대비하여 해석한다면 안전하다.

9) 미리 알아야 할 성경의 꿈. 환상 해석 원칙

(1) 요셉을 통하여 바로에게 편안하게 대답하게 하셨듯이 성령께서 우리에게도 그렇게 해주실 것을 믿으세요! (창41:16)

① 육신의 삶과 성경과 대비, 영혼이 잘되는 것이 성경이며 우리가 해야 할 일

② 하나님과 나와 대비

첫째가 하나님 사랑이요(십계명1-4계명) 하나님이 뭐라고 하시나

둘째가 이웃사랑(십계명5-10), (마22:37-40)에 대비 이웃에게 뭘 주라 하시나? 뭘 잘못했다고 하시나?

5. 성경 해석의 법

1) 성경 찾는 법

① 먼저 꿈을 쓴다.
② 꿈에 나온 단어를 가지고 찾는다, 없으면 비슷한 단어를
   찾는다.
③ 해석해서 뜻을 가지고 찾는다.

❖ 예)

(1) 꿈 1

전국 노래자랑이 있단다 누군가 묻는데 "목소리만 들어도
이쁘다네요" 하고 내가 수줍은 듯 대답한다.

- 전국, 나라 전체 아니 지구 전체에서 하나님께서 찬양해 줄
  열매 자랑대회가 있다는 것
- 노래, 사5;1, 열매의 노래
  빌1:11, 열매를 찬송하리라
- 목소리, 아2;8, 내 사랑하는 자의 목소리구나
  하나님께서 사랑하는 자에게 열매를 주어서 자랑하게

해주겠다는 것

(2) 꿈 2

도장을 20여개 갖고 왔다 동그랗고 까맣다. 손가락 두 개를
합친 듯이 굵다 줄줄이 세워놓으니 도토리 키재기다. 조금
크고 조금 작다. 이름은 새기지 않았다.

• 도장, 아8;6, 너는 나를 도장같이 마음에 품고 도장같이
  팔에 두라. 사랑은 죽음같이 강하고 질투는 스올 같이
  잔인하며 불길같이 일어나나니 그 기세가 여호와의 불과
  같으니라.

  - 나를 도장같이 마음에 품고, 예수님 한 분을 마음에 품고
    도장같이 팔에 두라. 예수님만을 위해서 너의 팔을 쓰라
    돈도 명예도 권세도 건강도 오직 예수님만을 위해서
    쓰라는 것이다.

  - 도장에 아직 이름이 새겨져 있지 않았다, 깨끗하게
    정리되기는 했으나 아직 혼에 예수님만을 생각하고
    예수님만을 위해서 일하는 것이 새겨져 있지 않아서
    다른 것을 새길 확률도 있다. 예수님을 섬기는 법을
    잘 새겨서 그 도장에 이름이 새겨져야 내가 신부가
    된다(제사장), 이것을 통치당했다고 한다.(계19:7,8)

• 계19:7,8 : 옳은 행실이 인정되어야, 혼에 새겨서 살아서
  습관된 아름다운 행실이 있어야 한다.
  6절의 통치는 성령 충만하고 다르다. 성령 충만은 고갈되기
  때문에 다달이 금식하여 채워야 하고(마25:1-11) 통치는

성령의 사람이 예의 바르고 순종하는 것이 혼에 새겨져서 그대로 따라하고 늘 감사하는 것이 하룻길인 사람을 통치 당했다 하시고, 그 다음에 신부가 된다.

(3) 꿈 3

1990년 6월 1일, 새벽 3시경에 내 이마에 "신28:10"절의 말씀을 찍으셨다, 그러나 신부로서 그의 행실을 인정 받기까지 28년이란 시간이 걸렸다. 성경의 행실로 인정 받기까지 기나긴 시간이 걸린 것이다. 통치하시기까지의 기간이다.(그대로 따라하는 훈련 기간, 요2:1-)

그러나 이제부터는 짧아진다.

왜! 그것을 알아서 프로그램을 완성했기 때문이다.

(4) 꿈 4

1997년 11월쯤, 삼각산에서 들은 음성이다.

"이스라엘아! 내가 너를 머리부터 발끝까지 세계에서 가장 아름다운 옷을 입히리라. 세계 만민이 그 옷을 부러워하리라" 신28:10절 말씀하고 비슷하다.

• 가장 아름다운 옷, 구약의 제사장의 옷이며, 신약은 신부의 옷입니다.(계19:7,8) 옳은 행실의 옷입니다. 자신을 마음에 품고 자신만을 위해서 일하는(아8:6) 자신의 신부에게 입혀주는 제사장(신부)의 옷이다. (계5:10, 왕 같은 제사장) 1990년도에 택하시고 세우셔서 기뻐하신다고 이제 전국에

자랑하신다고 하시는 꿈이 1번 꿈입니다.

(5) 꿈 5

벧엘에 와서 2004년쯤 도장을 보자기도 없이 한아름 안겨주셨다. 마루에 앉아있는데 팔에 안고 있다가 네모난 도장 두 개를 떨어뜨렸는데 손으로 줍자니 다른 것이 떨어지고 발로 줍자니 주울 수 없어 안타까워하다 깼다.

– 잃어버린 정사각형 : 도장 찍었던 두 분은 wcc의 주동자가 된 두 지도자였다는 것을 12년 만에 나라에 이렇게 어려움을 당하면서 알게 되었다.

우리가 아무리 사랑받아 많은 것을 얻었다 할지라도 그의 마음에 하나님을 품지 않고 그의 팔이 하나님을 위해서 일하지 않고 사람만을 위해서 일한다면 버림받아 wcc같은 것을 허락하게 된다. 하나님 먼저 사랑하고 그 사랑으로 사람을 사랑해야 천국에 간다. 하나님이 제일이라야 한다. 지금의 나라의 모양, 사람이 제일, 그것은 아니다. 반드시 그 문구를 떼어내고 하나님 사랑이 최고이며 제일이다. 이렇게 부치려고 기도하고 있다.

• 성경을 가지고 이렇게 해석한다.

2) 해석 전에 생각해야 할 것

- 무슨 기도했나?
- 무슨 대화했나?(잠16;1)
- 무슨 생각했었나?
- 미래에 대해서 궁금했었나?(단2:29)
- 마음의 생각과 뜻을 판단하신다.(히4:12, 전5:3,7)
- 평안할 때에도 (단4:4)
- 오늘 만날 사람, 만난 사람은 누구였나?
- 다른 사람 꿈을 해석해 줄 때 최고의 열쇠! : 무슨 꿈이라고 생각하시나요?
- 오늘을 돌아보고 주신 꿈을 해석해 나간다.
- 현재와 미래 과거를 동시에 본다.

① 과거, 회개 (요16:8-)
② 오늘, 분별, 감사 (좋은 것이나 나쁜 것이나, 왜? 살아 있으니까)
③ 미래, 소망

- 나의 삶을 중심하여 설정되어 있다. 반대로 하면 다른 사람의 꿈도 그의 삶에 접목하여 해석하면 된다, 다른 사람은 나의 나쁜 꿈을 더 많이 꾼다. 내 얼굴을 내가 못보기 때문에 다른 사람에게 보여주신 것이다. 그러나 잘못 갔다 할지라도 포기하지 않으면 많은 것을 가르치시고 더 빨리 갈 수 있는 칠전팔기의 역사가 일어난다.

- 우리의 삶에 대비하여 좋은 것은 좋은 꿈, 나쁜 것은 나쁜 꿈이다. 좋은 것은 하라는 것이고 나쁜 것은 하지 말라는 것이다.
  예) 냇물이 더럽다(안 좋다) 아주 깨끗하다.(좋다)

- 말씀대로 살아야 되는 행위를 흩트리는 것은 잘못된 해석이다. 그 행위가 옳지 않은데도 혼동하고 있는 부분을 완성시켜 주고 있기 때문이다.

3) 주의 사항

- 여쭸는데 말씀 안하시는 것은 싫으시다는 것이다.(마26:39)
- 꿈 속에서 현상이 있고 들리는 소리가 있고 내가 하는 말이 있다. 그중에 내가 하는 말은 거의 90%가 나의 육신의 생각을 말하고 있기 때문에 참고하고 해석하지 않는다, 내가 한 말을 보면 내가 알지 못하는 내가 있는 것을 알 수 있다. 이것을 가지고 사람의 심리는 알아보는 열쇠를 삼는다.

4) 우리의 삶을 면밀히 살피시는 하나님을 만나자

- 내가 슬퍼하며 고통 할 때, 근심에 쌓일 때, 꿈을 자주 주신다. 나를 지켜보고 계시다가 위로하며 격려해 주시는 것이다.

5) 상담할 때

- 선한 목자의 길은 나와 너 사이에 하나님을 모시는 것이다. 꿈을 가지고 길을 지도하거나 상담하면 하나님께서 직접 하시는 것과 같다, 그 길이 생명의 길이 된다.(행2:28)
- 해석되었을 때에는 나와 너를 움직이게(순종) 만들어야 한다.(약2:17, 18)
- 회개도, 나아갈 방향의 지시도 즉각 순종케 하는 나와 너를 만드는 재료이다.
- 움직이지 않고 말만 하는 것은 말장난에 불과하다. 행하지 않을 거라면 해석할 필요가 없다. 알고 짓는 죄보다 모르고 짓는 죄의 벌이 약하기 때문이다.
- 맞춤형 교육이다. 그러므로 해석하여 반석 집을(마7:24,25) 만들 수 있도록 나와 너에게 지도해야 한다. 그리고 지도받아야 한다.

6) 역이용법

- 원장이 좋은 사람이야 : 그 사람이 원장을 안 좋아하고 있다는 것
- 세상이 아름답지? : 세상을 비관하고 있는 사람이다.
- 뭔가를 강하게 좋다고 하거나 강하게 나쁘다고 하는 것은 반대일 경우가 있다.
  예) 꿈에 만난 예수님께서 나에게 하신 말씀이다. "네가

믿음이 좋으니 네가 해라" 언뜻 보기에는 믿음이 좋다고 칭찬하시는 것 같으나 하지 않아야 할 일을 하고 있는 나를 비웃고 계시는 것이었다. (시2:4)

7) 말씀인 증거나 확신 : 요16:8-13

• 무슨 말씀을 하고 계시나, 성령께서 진리(내 삶의 길에 간증거리, 잘되는 길), (요15:26,성령, 17:17, 말씀) 가운데로 인도하신다.

① 죄에 대해서(책망), 나를 믿지 아니함이요, (요16:8-14) 말씀에 비추어 지은 죄에 대하여 가르쳐 주신다.

② 의에 대해서(말씀으로 회개시키시고) 내가 아버지께로 가니 너희가 다시 나를 보지 못함이요
예수님은 말씀이 육신이 되신 분이시다.(요1:1) 하나님 우편에 계시나 그의 영이신 성령으로 우릴 도우시고 말씀으로 우리를 치리하신다. 예수님의 상황을 보이시면 그것은 나의 모습이다.
a. 멋지신 모습이다 : 영혼이 멋있다.
b. 거지같은 모습이시다: 나의 행위가 거지처럼 행동을 한다는 것이다.(계3:17)

③ 심판에 대해서(귀신 나가고) 책망, 이 세상 임금이 심판을 받았음이니라.(엡6:10)
귀신들이 우리의 회개를 통하여 나가는 모습을 생생하게

보이신다.

위의 ①②③단계로 회개가 이루어지면 ④번의 일이
이루어진다.

④ 장래의 일에 대해서(소망), 나라, 개인, 회사 등, 나의
사랑하는 자들에 대해서 장래의 일을 보여주셔서 소망
중에 살아갈 수 있도록 인도하신다. 소망과 꿈을 잃은
자는 살아있으나 죽은 자이다. 그래서 자살을 하는
것이다. 그러나 우리 아버지께서는 늘 우리에게 소망을
보여주시고 준비되면 그것을 이루셔서 행복하게 살도록
인도해 주신다.(잠13:12)

＊하나의 꿈마다 이와 같이 네 단계로 책망하시고 회개
시키시고 심판받은 사마귀 나가면 장래 일에 대해서 소망을
주시고 위로 하시며 하루를 재미있게 살게 하신다.

8) 해석 후의 행동

• 내가 여쭤봤을 때 : 아주 쉽다, 좋으면 하고 안 좋으면 안
한다.
• 그냥 주셨을 때 : 해석이 필요하다.
• 선택은 자유, 보응도 본인의 선택, 자유의지를 무시하지
않으시고 우리에 순종의 선택을 위하여 권면과 위로와
책망을 아끼지 않으신다. 계속 따라하지 못해도 꿈은 계속

꾸나 삶은 변할 수 없다.

9) 가끔 나타나는 현상

- 꿈 속에 나는 하나님을 대행할 수도 있고 꿈을 꿔주는 어떤 상대일 수도 있다.

10) 해결법

- 모든 대화가 이렇게 이루어졌다 하더라도 그의 해결은 예수 이름 앞에 금식과 기도로 해결한다.(사58:6, 막9:29, 기도와 금식 외에, 전수성경)
- 아무리 멋진 영계를 보고 들어도 성령 충만이 없으면 해석이 불가하다,
- 성령 충만 받는 비결을 참고한다, p44

11) 나쁜 꿈·환상이 가장 좋은 것이다

- 두 번 겹쳐 꾼 꿈은 좋은 것이나 나쁜 것이나 이루어진다. 나쁜 것이 거듭되면 속히 금식하고 회개하여 두 손 들고 아버지 앞에 엎드려야 한다.
- 어둠에 감추인 것을(마13:35, 고전4:5) 드러내 주셔서 고쳐주시려고 하신다. 우리의 기도와 금식을 통하여 때가

되면 보여 주신다 해결해 주시려고 하시는 것이다. 우리의 좋은 꿈은 소망이 된다. 그러나 그 소망을 이루기 위해서는 좋지 않은 것을 해결해내지 못하면 이룰 수 없다. 그 소망을 이루어 주시려고 우리를 가로막고 있는 장애물을 치워주려고 보여주시는 것이 나쁜 꿈이다.

- 꿈 · 환상에서 나타난 물건이나 하시는 말씀에서 나를 지적하여 훈계, 책망하는 것을 찾아야지(딤후2:14) 좋은 꿈만 좋다고 생각하면 칭찬만 받으려하여 화가 임하는 사람이 된다.(눅6:26)
- 나쁜 꿈 · 환상은 사람을 세우는 재료이다. 아버지 사랑하는 나와 너, 꿈 · 환상을 세우는 것이 아니라 사람을 세우는 것이다.
- 완전한 해석법 두 가지로 해석한다.

  하나, 좋게, 감사한 조건이다.

  둘, 나쁘게, 고치고 기도해야 하는 조건이다.

  셋, 밤낮이 교차하듯이 긍정과 부정은 우리의 삶 속에 항상 있다.

12) 언제 이루어질 것인가?

- 오늘 눈뜨면 이루어지는 것도 있다. 10년, 20년, 30년, 6-7백년 짜리도 있다. 예수님의 탄생의 예고는 그와 같다(사7:14). 큰 꿈은 평생 한번 이루는 것이지 두 번 할 수 있는 것이 아니다. 나에게 벧엘의 아모스 예배당이 그와 같다.

13) 왜 우리와 대화하기를 원하실까?

• 꿈이 주어진다.

너에 이런 행동은 ① 좋다 ② 나쁘다. 그러므로 그러지 말고 순종하라하시나 선택하여 자유 의지를 발동시키신다. 우리는 거의 불순종 쪽을 택한다. 나의 육을 누르지 못하기 때문이다. 해석도 자기 마음대로 한다. 그러나 오랜 세월 뒤에서야 그것이 잘못되었다는 것을 깨달을 수 있게 된다. 이제는 그러지 않았으면 좋겠다. (나와 네가)

하나님 아버지께서 예수님 성령님께서 살아계시는데 대화를 하지 못했던 것을 대화를 할 수 있다는 것이 가장 행복이다. 그것이 해석하여 나의 삶의 접목할 수 있다고 생각만 해도 가슴이 떨린다. 왜? 아버지와 대화만 이룬다면 아버지께서 예수님 성령님께서 알고 계신 지혜와 갖고 계신 것은 분명히 내 것이 될 것이기 때문이다. 대화가 바로 모든 것을 가질 수 있는 열쇠이기 때문이다.

• 단편적으로 말씀하시는 것이 아니라 태어나기 전부터 천국가는 그날까지 말씀하시고 지도하신다. 내가 부모 되면 그리하듯이

• 단어책의 단어들은 많이 설정되어 있는 꿈 중에 끼어있는 것인데 중요한 단어 하나하나가 해석되면 자동 연결 해석이 된다.

14) 탤런트의 이름이 꿈에 많이 등장한 이유

• 스타, 성경의 종들이 별로 비유되고 있기 때문에, 에스더서의 에스더도 뜻이 별이다.(단12:3, 계1:20) 별이 달린 것을 보면 제사장 신부이다.(계5:10, 22:17)

15) 최고의 믿음을 가진 자가 되는 길

이 일을 어떻게 하면 좋을까요? 여쭤보시면?

• 나의 말을 모두 듣고 계신다는 것을 알기 때문에 신뢰의 구축이 된다.

• 살아계신다는 것을 확인하게 되기 때문이다.

• 근심, 한숨, 고통, 나의 작은 신음 소리를 들으시고 말씀하시기 때문에 너무 행복하다.

• 하나의 스토리에 많은 갈래의 말씀을 하시나 모두 알 순 없다. 그러나 나의 삶에 필요한 것을 찾는 것이 중요하다.

• 인생(삶)을 영화 찍는다, 연속극 찍는다고 표현하신다. 나그네 인생길을 그렇게 말씀하시는 것이다.(시39:12, 벧전2:11)

16) 음성도 해석해야 한다.

- 음성으로 또렷이 말씀하셔도 해석해야 알아듣는 말씀이 너무나 많다.

  예) 두 번의 비를 네가 내렸으니 내가 너에게 한 번에 단비를 내릴 수 있었다.

    두 번의 비 : 두 가지의 시험에 합격해줘서(엡5:10)

    내가 너에게 한 번의 단비(현 예배당)를 내릴 수 있었다.

- 두 가지의 시험은 무엇이었나요

  ① 사랑하여 순종하였고

  ② 생명드려 순종하였다

그래서 예배당을 저에게 선물로 주실 수 있었다는 말씀이시다.

17) 삶의 구원 (행2:21)

- 꿈은 퍼즐 맞추기와 같은 것. 하나를 가지고 모르면 계속 여쭈어 보아 지속성이 이루어지며 길을 지도받을 수 있다. 다른 사람의 꿈·환상을 참고하면 쉽게 풀어진다.

- 날마다 주신 꿈을 퍼즐 맞추기와 같이 맞추어 연결해 나가면 강한 성루가 된다. 성경에 맥이 뚫어지고 문을(요10:1-법) 찾게 되어 권세자 된다.(계22:14)

- 날마다 기적을 보고 산다면(요2:1-11) 사마귀가 우리를 건드릴 수 없다. 그러나 그와 반대로 하는 자들은 사마귀의 밥이 되어 삶과 모든 것을 잃고 기이한 빛에 들어가게 하신 예수님의 귀하신 사랑을 선전해 드릴 수 없다.(벧전2:9)

우리는 모두 선지자들이 되길 원한다. 꿈·환상을 통하여 아버지의 지시를 받을 수만 있다면 그렇게 된다. 이 꿈.환상 해석 책을 통하여 아름다운 인격과(계19:7,8, 삼상15:16) 순종의 자리에 서서 독수리와 같은 큰 종 선지자 백성들이 되기를 원한다.

18) 주께서 화나시면?

- 꿈이 꿔지지도 않을뿐더러 해석도 전혀 다른 방향으로 간다. 사람을 찌르면 안 되듯이 아버지 앞에서의 기도와 말이(말3:16) 유덕해야 한다.
- 부정한 사람을 사람도 싫어하듯이 하나님도 엄청 싫어하셔서 광야에서 나올 수 없다.(민14:29-33)

19) 성경이 말하고 있는 꿈의 오해

- 신13:1-5 : "너희 중에 꿈꾸는 자가 일어나서 이적과 기사를 네게 보이고 그가 네게 말한 그 이적과 기사가 이루어지고 너희가 알지 못하던 다른 신을 우리가 따라 섬기자고 말할지라도 너는 그 선지자나 꿈꾸는 자의 말을 청종하지 말라 이는 너희의 하나님 여호와께서 너희가 마음을 다하고 뜻을 다하여 너희의 하나님 여호와를 사랑하는 여부를 알려하사 너희를 시험하심이니라"

- 꿈꿨다고 이단에 가자고 하고 꿈꿨다고 절에 가자고 하면 가실 건가요 그런 일들은 있다 해도 내가 너를 시험하고 있다 하시니 그런 시험을 잘 통과하시면 복을 받는 것이다.
- 교회를 떠나라고 꿈을 꾸셨나요 시험이 온다는 것을 알려주시는 것이다. 그 시험을 통과하면 우리에게 좋은 일이 일어난다.
- 전5:3, "걱정이 많으면 꿈이 생기고 말이 많으면 우매한 자의 소리가 나타나느니라."
  - 7절, "꿈이 많으면 헛된 일들이 많아지고 말이 많아도 그러하니 오직 너는 하나님만을 경외할지니라."

  * 내가 걱정 근심이 많으면 꿈이 많아진다. 내일 일을 걱정하지 말라고 하셨는데(마6:34) 맡기지 못하는 우리는 늘 근심 걱정을 안고 살기 때문에 그럴 때 꿈이 많아지는데 해석도 잘 안되며 이랬다 저랬다. 그것은 나의 이랬다 저랬다하는 마음을 위로하느라고 이렇게도 달래보고 저렇게도 달래보시는 것이다. 내 자식이기 때문에 버릴 수도 도망가 버릴 수도 없는 부모의 마음으로 보시면 된다. 늘 온전히 맡기고 감사와 평안의 삶을 유지하면 꿈에 말씀하고 싶으신 일이 있으시거나 또 여쭤볼 때에만 있다. 꿈·환상이 너무 많은 것도 좋지 않기 때문이다. 필요할 때, 여쭤볼 때에 주시는 것이 가장 바람직하다. 또 주께서 말씀하고 싶으실 때에 얼마든지 하신다. 그렇게 하시길 원한다.

- 사29:7-8 : "모든 자는 꿈같이 밤의 환상같이 되리니" 순종하시면 그렇게 되지요

- 사56:10 : "이스라엘의 파수꾼들은 맹인이요 다 무지하며 벙어리 개들이라. 짖지 못하며 다 꿈꾸는 자들이요 누워 있는 자들이요. 잠자기를 좋아하는 자들이니 이 개들은 탐욕이 심하여 족한 줄을 알지 못하는 자들이요 그들은 몰지각한 목자들이라. 다 제 길로 돌아가며 사람마다 자기 이익만 추구하며 오라. 내가 포도주를 잔뜩 마시자. 내일도 오늘같이 크게 넘치리라 하느니라"

  * 꿈은 꾸나 아무것도 하지 않고 말만하는 종들에게 하시는 말씀 : 꿈을 꾸었으면 이루기 위해서 금식하고 밤 기도하고 성경 읽고 아버지 앞에 최선을 다해야 한다. 꿈을 이루라고 말만하고 기도하고 금식하지 않는 사람, 게으른 종에게 하시는 말씀이다, 파수꾼은 부지런히 성루를 지켜야한다. 기도와 금식으로 성 무너진 곳을 막아서자. 한 사람을 찾으신다(겔22:30)

- 렘27:9 : "너희는 너희 선지자나 복술 자나 꿈꾸는 자나 술사나 요술사가 이르기를 너희가 바벨론의 왕을 섬기게 되지 아니하리라 하여도 너희는 듣지 말라"

  * 예레미야 선지자를 통하여 회개를 촉구했으나 회개하지 못하는 백성들을 바벨론 포로로 보낼 수밖에 없는 것이 아버지의 아픈 마음이다. 가기 싫은 선지자들은 모두 자신의 마음의 예언을 한다. 차라리 그 시간에 회개를 하였더라면

어떻게 되었을까? 70년이 아니라 2년이면 좋겠다는 자신의 마음이었다. 꿈은 비유라서 해석이 필요하다. 자신의 마음에 하고 싶은 대로 갖다 맞추는 것이다. 70년은 완전한 회개를 이루는 때를 가르친다. 아버지께서 바벨론에 보내기로 죄의 댓가로 선택을 하셨는데 그것을 마음으로 예언하고 꿈을 해석하여 말해도 안 된다는 것이다. 꿈은 비유이다. 자신이 그렇게 하고 싶다고 하면 그렇게 해석하는 것이다. 그런 선지자의 말을 믿지 말라는 것이다.

• 유1:8, "꿈꾸는 이 사람들도 그와 같이 육체를 더럽히며" 꿈으로 대화는 하나 행위는 바뀌지 않는 사람들에게 하시는 말씀

4장 꿈·환상 단어장

» 가구

- 옛날 가구, 옛 사고
- 새 가구, 새롭게 사람을 따뜻하게 하는 법을 배웠다 또는 되었다.
- 삼단 단스, 나의 행위를 보라(명철, 잠1:2외)

» 가면

- 거짓 얼굴, 웃지 못한 얼굴 가면 씌어있다고 보이신다.
- 벗고 웃자

» 가마솥

- 큰 사람, 천천히 달궈지는 사람,
  냄비 : 냄비같이 금방 달궈졌다가 금방 꺼지는 사람

» 가발

- 생각을 숨기다. 육신의 생각에서 벗어나지 못하고 있다.

» 가방(빨간 색)

- 사명의 길에 주는 돈

» 가슴을 어루만지며 음란한 짓(막7:21,고후12:21) 한다

- 귀신이 나를 아주 안 좋은 말과 행동을 하게 하고 있는데 내가
  모르고 있다. 어떤 행동을 멈추라는 것이다

- 가슴의 황금십자가 : 예수님 때문에 육을 죽인 자(요12:24)

- 나를 찌르는 사람이나 삶

- 결단력, 절제(고전9:25)

- 훈련 중 광야, 고난 중, 영계의 산을 오르는 중 어려운 코스에 왔다.

- 살림 밑천. 성경의 기초

- 예수님이 의사이시고 주의 종은 간호사
- 예수님의 보조자들
- 목사 전도사 원장 등 아버지의 일을 하는 모든 종들 또는 부목사, 전도사들

- 예쁘지만 불순종 잘하는 종, 백성

- 귀하고 특수하게 쓰려고 준비한 두 사람(슥4:3, 계6:6, 11:4)

- 저주(사단)에 매여 자유롭지 못한 상태, 돈, 건강, 자식 문제, 가정의 문제 때문에 자유하지 못한 것(레26장) :
- 주 안에 갇힌 자, 철장으로 밖에서 가둔다, 거기 있으면 복받는다는 것(엡4:1),
- 옥(사단)에 갇히다(마5:25,26) : 속에 철장이 쳐져서 삶이 안 되는 것, 계2:27
- 저주에 갇혀 있는 교회, 기도원

» 교도소 지하 어두운 방에 갇혀있더라

- 우상 숭배한 조상들의 죄와 나의 불순종의 죄 때문에 죄인된 몸으로 갇혀 있어서 되는 일이 없다는 것
- 금식으로 회개하고 용서해서 저주 빚을 갚아야 자유로워진다.(마5:25,26)

» 감자

- 아들, 고구마
- 딸, 감자

» 강간당하다

- 저주로 귀신이 나에게 와서 나쁜 행동을 하는데도 그가 끄는 대로 끌려 살아가고 있다. 고난을 자처하는 것

» 강대상이 너덜너덜하다

- 종이 사명 감당하는 동안 많은 고초 가운데 몸이 망가졌다.

» 강아지가 와서 안 간다

- 떠났던 사람이 온다.

ㄱ

» 강아지가 예쁘다
• 예쁜 성도

» 강원도
• 강한 공원으로 간다, 교회나 기도원이 힘이 있다 커진다.

» 강화
• 성령의 충만함이 강한 곳

» 개
• 멋지고 깨끗하다 : 충성된 사람(마24:45)
• 무섭고 더러운 개, 토한 것을 먹는 사람 즉 회개한 죄를 되풀이
  하는 사람(잠22:11, 벧후2:22)

» 개구리
• 입(말)에 붙어있는 귀신의 영(입)이 빨갛거나 더러운 것 묻어있다,
  삐뚤어진 말, 원망 불평하는 말, 찌르는 말, 욕, 거짓말하는 귀신,
  말이 많은 귀신 (계 16:13-14)

» 거미
• 내 안에 오래 살면서 집도 잘 짓고 옮기기도 신속히 하는 마귀

» 거지
• 불순종해서 삶이 망해버린 사람

» 거울을 보다
• 회개의 도구(마3:2)
• 꿈과 환상으로 아버지의 뜻을 알다.(행2:17)

- 거울이 깨끗하고 선명하다면 꿈과 환상으로 나를 봐서 회개하여 복 받게 된다.
- 사람들의 훈계와 책망이 있다.

» 건너가다(강이나 다리)

- 문제의 해결이나 소망이 이루어지는 과정, 다 건너가면 마무리된 열매가 온다.

» 건담 로봇(인형)

- 성령의 종(그대로 따라한다 하여, 창6:22, 요2:5) 기적이 연속된다.

» 검은 비닐에 남은 것

- 남몰래 어려운 자들을 돕고 아버지를 위하여 사랑하는 자들을 보살핀 은혜의 대가. 마25:46

» 검지 손가락

- 사모나 부목교역자

» 게

- 불순종하는 사람, 옆으로 가고 있기 때문에

» 겨울다운 파카를 입다

- 춥지 않게 나를 보호할 수 있는 언행을 하게 되어 있다.
- 상대를 유덕하게 대하면 그도 나를 치지 않고 유덕하게 대하여 주게 되었다.
- 갈라디아서 5장 22절의 성령의 9가지 열매는- 옛날 말에 웃는 얼굴에 침 못 뱉는다고- 나를 위한 '방어 기재가' 된다. 나의

아름다운 언행이 추위(고난)로부터 보호받을 수 있게 한다.

» 결혼식

- 좋은 일
- 예수님과 하나 됨(마25:1-13) 교회 봉헌 예배나 소원이 이루어짐
- 드레스가 하얗다. 예쁘게 준비되었다. 계19:7,8
- 드레스가 까맣다. 아직 준비 중

» 경기장

- 주의 종들의 훈련 장소(말씀, 기도, 금식, 인격 고치기, 꿈·환상 배우기)

» 경찰

- 사탄, 마귀, 귀신
- 나의 나쁜 행동을 치리할 때 나타난다, 회개하면 간다.

» 계단

- 올라가다, 제 1계명, 위로 하나님 사랑을 잘하고 있다.(출20:1-, 1-4계명) P92
- 영적으로 낮은 단계부터 윗 단계로 올라갈 수 있는 길, 삼층천의 영계의 단계(고후12:2)

» 계단을 내려가라

- 이웃을 향하여 훈련하는 단계, 제 2계명, 이웃 사랑, 5-10계명
- 계단을 올라가는데 (참고, P92) (저 높은 곳을 향하여 가는 우리의 삶 속에 하나님과의 관계 말씀과의 관계) 치마 속이 남들에게 보인다 :
- 3층으로 올라가는 과정에 계단은 밑에서 보면 남의 치마 속만

보인다. 꼭대기에 가면 머리(영광)만 보인다. 남의 흉을 잘 보는 사람 또는 헐뜯는 사람은 아직 꼭대기에 못올라 간 것이다. 얼른 올라가서 자유하길 원한다. 단계가 높아지면 흉볼 일이 없어진다. 십자가를 가슴에 품게 되기 때문, 이것이 성령 충만 지나 통치라 한다.(계19:6)

» 계란(달걀)

- 부활 신앙을 가진 성도, 상태에 따라 영성을 분별

» 계절(봄, 여름, 가을, 겨울)

- 시기와 때, 추위와 더위를 알리고 삶에 나팔을 불어주신다. (마24:36)
- 유덕을 요구하실 때는 계절의 옷 즉 사람을 이해하라 하신다. (잠11:16)

» 고급 원단

- 어렸을 때부터 행위의 기초를 잘 교육 받았다.(마7:24)

» 고모

- 기도원 원장(그 기도원과 계속적인 연계를 가져라 갖고 있다)

» 고무장갑

- 봉사하라는 것

» 고소하더라

- 흉보고 그 사람 고쳐달라고 한 기도, "그 사람은 복 주시고 저를 고쳐주세요" 하는 기도는 아주 좋아하신다.(마5:21-)

» 고스톱 (롬8:6)

- 세상적인 것

» 고양이

- 할퀴는 귀신을 가진 사람 (잠24:30-31)

» 고추(남자)

- 남자를 의미 씨를 말씀하실 때 싱싱한 정도를 보고 영성 분별
- 고추가 서 있다.(남자의 성기), 성령 충만 받았다,

» 고춧가루

- 매운 나의 인생, 김치를 담그는데 필요한 것 어디에 쓰냐에 따라서, 고난이 유익이라(시119:71)

» 고향집

- 천국, 나아갈 방향의 마무리 지점(마24:14)

» 곡괭이 자루를 새것 끼워서 가지고 오더라

- 엄청난 돌짝밭의 소유자, 파서 좋은 밭을 만들려 하신다. (마13:5)
- 교회나 집을 지을 때 시작한다는 것

» 곤색(갈색)

- 훈련 중이라는 것

» 고동색

- 고동(바다에서 남), 세상에서 훈련 중

» 골방, 작은방으로 들어간다

- 어려움 당할 때. 당한다(왕상22:24,25) 금식하면 속히 넘어간다.

» 곰국

- 나를 잡아 푹 고다, 육을 죽여 아주 예쁘게 된 상태 (요12:24)

» 공군

- 하늘을 지키는 능력의 종이다 그렇게 되게 하겠다, 독수리로도 보이신다. (마24:28)

» 공놀이(축구 농구 등 각종 경기)

- 훈련, 고전10:13

» 공부하다

- 자신의 분야에서 새로운 것을 가르칠 사람이 온다, 시험이 온다는 것 이것이 훈계요 책망이다.
- 어렵다는 것이다, 배우는 것은 언제나 어렵다. 배워내면 전문가가 된다.(잠22:29)

» 공장에 일을 맡겼는데 할 수 없는 일을 했다고 칭찬

- 교회에(공장) 예수님께서 일을 지시하셨는데 잘하였다고 하심(대하2:7, 슥1:20)

» 공주가 되었다(딸) (벧전3:6)

- 순종, 선을 행하고 어떤 두려운 일에도 놀라지 아니했다.
  딸: 밭 아들: 씨(요1:12).
- 씨 심을 땅을 주겠다, 남자에게 아내를 주겠다.

» 과일을 여러 가지 모양내어

- 팔다: 나의 하늘의 진노를 다 없앴다.
- 이와 같이 무엇을 판다는 것은 없앤다는 의미가 있다.
- 조개를 모두 팔다, 문제 해결을 끝내다. 눅16:9, 네 제물이 없어질 때에

» 관(육의 죽음)

- 성경이 원하는 것이 아닌 것(요12:24)
- 관의 종류에 따라 사람, 신분 결정

» 광주

- 빛이 있는 고을, 진짜 광주

» 교회

- 초막, 공장 등으로 표현(사4:6), 실제 교회 또는 사람(골1:24), 하나님의 성전된 내 몸(고전3:16)
- 교회 분별법 : 옮겨야 할 경우 꼭 기도하여 참고하여야 한다. 이단 경계
  ① **나쁜 교회**
    - 강대상이 어둡고 뱀이 있다. 말씀이 사단적이고 행위를 고쳐줄 수 없는 말씀이다. 좋은 말만 하는 종이다.(롬8:13)
    - 나무가 메마르고 열매도 없고 있어도 먹을 수 없다.
    - 우물이 시커멓고 더럽다, 말씀이 성경적이 아니고 성령 충만이 없다
  ② **좋은 교회**
    - 강대상이 환하고 좋다, 좋은 교회
    - 우물물이 좋고 넘친다. 복된 교회
    - 열매가 주렁주렁(딛3:14, 벧후1:8), 하나님의 찬송 교회

(사5:1, 빌1:11)

》 구레역

- 구원을 예비한 역 (교회, 기도원, 행2:21)

》 구름 (렘33:3 민9:15, 레16:2, 출40:34)

- 흰색, 앞이 아득하다
- 먹구름, 앞이 깜깜, 빨리 움직인다, 문제 해결이 빠르다
- 엷은 색, 앞이 곧 좋은 일
- 할 수 없는 일을 하실 때, 보이면 기적이 벌어진다.

》 구정물이 어느 집에 들어가더라 (엡4:22)

- 내가 넣더라, 내가 배운 그 방법이 그가 어려움을 당한다는 것

》 국수 먹더라 (계19:7-8)

- 잔치 할 일 있겠다, 아버지께 사랑받고 있나봐요!

》 국어 선생님

- 말을(설교) 잘하도록 가르쳐주는 선생님

》 국화

- 전도자를 국화로 표현, 향기가 진하고 가을 가장 늦게까지 필 수 있는 끈기

》 군대로 소집하라 (딤후2:4)

- 주의 종으로 부르라

》 군 번호표

- 하늘나라에 주의 종이라고 번호 붙여 있다는 것
- 택정 되어 있다.(롬1:1, 갈1:15, 벧전5:9)

» 군 복무해라 (딤후2:4)

- 주의 종, 목사가 되라. 훈련에 임해라. 권면의 말씀

» 군사 (딤후2:4, 병사)

- 이쁘다 : 주의 군사로서 아버지께서 기뻐하신다.
- 안 이쁘다 : 아버지하고 싸인 안 맞는다.
- 계급이 있는 옷을 보고 여러 가지로 분별
- 주일의 강대상을 군인들이 지키고 있더라 : 교회가 든든하다 천군 천사들이 지키고 있음
- 천사 : 좌우에 만군 중, 좌, 사마귀 우,천군천사 (대하18:18) 참고 P32
- 군사(종, 목사)가 권세를 가지려면 : 계1:20
  계급을 계1:20절의 별로 진단해서 볼 수 있다. 별이 몇 개인지, 권세가 별로 주어져 3층천에 올라가면 땅에 복을 받아 가진 것이 많아지고 목사님들은 성도들이 많아지고 바빠지기 시작한다. 신부가 되었다는 것 (계1:6,20, 5:10, 19:7-8, 22:17)
  - 어떻게 될 것이냐
  - 근거된 말씀(계22:14,15)
  - 자신의 두루마기를 빨았다.(자신의 사역, 목사, 부모 자식, 아내, 남편등 직분을 말함 모두 돌아보고 말씀과 맞지 않은 부분을 회개했다, 하라)
  - 문을 통과했다, 요10:9 (길이요 진리요 생명이신 예수님이 주신 성경의 길),
  - 계 2장부터 있는 일곱 교회의 회개거리를 통과하여 아버지의

기쁨이 되면 권세가 올라가서 별을 일곱 개까지 달 수 있는 것이 성경이며 하나님 아버지께서 우리에게 주시고자 하시는 권세이다.

- 별이 세 개 이상 달리면 그 사람을 왕같은 제사장(계5:10), 신부라고 한다.

» 굴뚝에서 연기나다

- 진행 중이라는 것

» 궁궐 (계5:10)

- 왕이 사시는 곳, 왕 되신 예수님을 왕으로 모신 신부들의 마음성전이 성경의 법으로 잘 만들어져 행위로 친절하고 예의바르게 나타나면 (엡4:31 삶이 잘 된다, 마7:24)
- 자신의 보좌에 앉게 해준 종들, 왕 같은 예수님의 신부들이다. (마19:28, 25:31, 계2:26, 3:21)

» 고름 (고통)

- 안 좋은 것을 오랫동안 마음에 간직했다는 것, 짜서 버려야 한다.

» 궂 하더라

- 옛습관 대로 사는 나 때문에 시끄러운 주위 환경, 옛것을 버리라는 뜻, 롬8:12

» 귀(예쁘다)

- 하나님과 사람의 말을 꼬아서 듣지 않고 잘 알아듣는다. 말이 통한다. 청종한다(렘22:21)

» 귀고리

- 주의 종이 되었다는 뜻이다. 그대로 따라한다 따라하라(요2;1-)

» 귓밥
- 가득 차 있다면 남의 말을 못 듣는다는 것

» 규를 잡았다
- 예수님의 신부가(제사장, 계1;6) 되어 권세를 가졌다(에2:12)

» 그릇을 닦으려 하더라 (슥13:1)
- 그릇 : 딤후2:20,21
- 사람, 사람의 크기와 깨끗하고 더러움을 표시, 일꾼
- 사람을 섬기는 그릇으로 금식하여 깨끗하게 하려하더라. 옆의 사람과 환경이 어렵게 한다.

» 그림을 그리다 (소망, 장래 일, 요16장)
- 행복한 얼굴, 좋은 습관을 혼에(마음) 새기고 있다.(엡4:32)
- 화내는 얼굴, 나쁜 습관을 반복하고 있다. 렘17:1,2
- 큰 그림을 그리다, 할 일이 크니 서두르지 말고 훈련 잘 받으라는 것 (요16:13)

» 극장 (꿈,환상. 행2:17)
- 영계를 보는 교회, 기도원

» 극장이 북한 공산당의 것이다
- 세운 교회가 귀신들의 가르침으로 운영되고 있다.

» 금 (말3;3)
- 순결한 십일조를 만들기 위하여 금,은 같은 믿음을 가진 자가 되게

하기 위하여 불과 잿물로 훈련시키신다. 행위 고치기
- 불과 잿물, 무서운 환경을 설명, 요나를 물에 던지듯이 던져진다. 나를 고쳐 복을 주시기 위한 아버지의 은혜이시다.

» 금 면류관 (엡6:17 구원의 투구)
- 우리를 불과 잿물로 닦아 연단하여 금은 같이 깨끗하게 하시고 공의로운 제물이 될 때까지의(말3:3) 말씀으로 훈련시키시고 훈련된 자, 사람을 금으로 만드는 말씀을 가진 자에게 주시는 관

» 금강석으로 된 것을 부수러 왔더라 (렘17:1,2)
- 우리의 혼과 뿔에 금강석 철필로 새겨진 옛것을 부숴버리려고 고난과 광야를 주신다는 것 (고난의 사자를 보내셨더라)
- 금강석, 다이아몬드, 가장 강한 보석

» 금 반지(24K)
- 죽어서 완전한 사모(금 같은 제사장, 계5:10)가 되었다. 되게 하겠다는 약속(14K) :
- 완전하게 잘 가르치는 금 같은 제사장이 되었다. 되게 하겠다는 약속

» 기념물(품) (사56:4,5)
- 하나님과 연합한 사람에게 영원한 이름을 주시겠다고 약속한 것, 보이신 것, 이뤄주시는 것, 소망, 소원

» 기도하다 (사도바울)
- 도전자, 개척자
- 우리의 교회들이 도에 깃발이 바르게 세워져 있지 않다. 천국가는 것만 예수님의 도(죽음과 부활)의 기(교회)를 세우다(징기스칸

같은 사람), 초점이 맞추어져 있다. 육이 죽어야 부활하는데 그냥 복을 달라고 하는 것은 십자가의 도가 아니다. 예수 외에 구원이 있다고 하는 것도 십자가의 도가 아니다.

» 기둥 (계3:12)

- 큰 기둥, 인내의 말씀을 지켜서 이긴 사람, 크게 쓰실 사람

» 기둥 일곱 개를 세우더라 (잠9:1, 골3:10)

- 눈, 코, 귀, 입, 손발을 다시 치료하여 새롭게 만들어라, 마9:17, 계21:1, 새 땅 되면 새 하늘, 이제까지 받지 못한 복 받는다.

» 기생 (겔23:44)

- 불순종하여 귀신이 들어간 사람들
- 온전히 거룩하지 못하여 예수님과 결혼식을 정식으로 하지 못한 채 사랑하며 사는 성도들

» 기암괴석들 (히11:38)

- 세상이 감당치 못하는 믿음의 사람들

» 기차

- 천국 가는 길, 새로운 일의 시작, 큰 교회

» 길거리에서 뭔가를 한다 (마7:26-27)

- 장사나 일이나 앉아있다거나 하는 것, 성경이 아닌 것을 이렇게 표현한다. 불법이다.
- 길거리에서 아기를 낳았다.
  - 성경이 아닌 무법으로 소원을 이루려하다.
  - 회개하고 천천히 예수님과(말씀) 보조를 맞추어 나가며

성경하고 맞추어야 한다.

» 길을 가다 (요14:6)

- 잘 만들어진 길, 하나님의 뜻대로 가는 순종의 길, 말씀의 길
- 만들어지지 않은 좁은 길, 개척자, 선구자
- 어둡고 좁은 길(마7:13,14) 홀로 순종하고 가는 길, 아니면 잘못든 길
- 위험이 도사리고 있는 길, 빨리 멈추거나 방향을 바꾸어야 할 일 혹은 때
- 다른 집과 길이 생겼다. 새로운 교제가 이루어 질 것이다.
- 넓은 길(렘5:1), 넓은 길에는 주께서 찾는 한 사람을 못 찾는다.

» 김

- 바다(세상)에서 얻게 되는 열매로 보통 돈을 의미
- 바짝 말라서 유연하지 못한 심령

» 김연아

- 잘나가는 스케이팅 선수처럼 너도 그렇게 만들거야!

» 김장(김치) (빌1:11)

- 김장했다. 하나님 보시기에 예쁘게 된 성도의 모습 (익은 정도에 따라)
- 배추를 씻어 놨다. 소원이 이루어진 때
- 배추의 절임 상태를 보고 육의 죽임을 본다.

» 김효자

- 금 같은 믿음 안에 아버지 앞에 효성스러운 자식

» 깊은 수렁으로 빠져든다 (마3:2)

• 몸이나 삶이 죽음 속으로 가고 있다, 회개, 급한 금식(회개하라)

» 깨진 유리조각

• 던진다 나의 잘못을 통한 사람들이 질책, 책망, 경계, 경책, 딤후4:2

» 껌 (계16:13,14)

• 입의 말 중에 떨쳐버리고 떼어내야 할 것
• 껌이 입에 붙어서 안 떨어진다, 귀신들이 나의 입에 안 좋은 말을 훈련시켜놓은 것이 나를 피곤하게 한다. 죽겠네 미치겠네 지랄하네 환장하네 등의 욕(합2:16)

» 꼬챙이 (사4:4)

• 나를 찌르려고 준비된 사람이나 삶, 행위를 돌아보라

» 꽃 (행2:20, 영화로운 날, 영화, 영광의 꽃)

• 예쁘다, 아름다운 영혼, 사람
• 꽃다발은 받았다면 축하할 일이 생긴다는 뜻

» 꽃게

• 엇길을 가며 불순종하고 있으나 예쁜 데가 있다(아름다운 행위 칭찬)
• 불순종을 면하지 않으면 귀신들이 일을 만들어서 어려움을 당한다(욘1:15)
• 게맛살 먹었다, 엇길을 가는 불순종하는 사람을 도와줬더니 맛있는 것을 아버지께서 주셨다.

» 꽃마차

- 색깔 있는 차

» 꿀 (계10:9-10))
- 내 영혼에 달콤한 말씀, 요삼1:2

» 꿀벌
- 달콤하고 맛있는 것을 공급해주는 사람

» 펑(2층산) (마5:1)
- 산에 있는 예수님의 제자들
- 3층산, 마17:1-

» 나갈 문 찾더라

- 문제 해결의 방법을 찾더라

» 나무

- 사람, 나무의 크기가 사람의 크기이다 (단4:22 왕이여 이 나무는 곧 왕이시라)
- 죄악으로 삶이 망가진 사람을 불에 '그슬린 나무'라고 비유한다.(슥3:2)
- 나무 속에 끼어져 있는 부리긴 새 : 사람 속에 끼어서 나쁜 행동을 조장하는 귀신
- 나무 하나가 찍 소리 내면서 쓰러진다 : 한 사람이 소리가 크게 하며 망한다.
- 굵은 나무 뿌리를 뽑는다 : 깊이 박힌 저주의 인격과 사슬을 뽑는다.
- 나무를 잘라서 재목으로 만들어 놓았다 : 사람을 잘 다듬어서 쓰려고 준비해 놓았다. 이 상태를 보고 훈련된 상황을 알 수 있다.

» 나무가 높다

- 큰 사람, 큰 영계의 사람, 큰 사고의 사람, (왕하19:23, 백향목)

» 나무 잎사귀 (계22:2)

- 사람의 은사, 금식이 약(원장에게는 금식과 꿈·환상이 은사), 그

사람의 육을 죽인 방법이 사람들에게 약이 된다는 것, 행12:6, 벧전2:24, 잠19:29, 22:15, 23:13, 26:3

» 나이트 스트라이크(Knight Strike) (계1:20, 3층천,고후12:2)

- 기사가 되다. 제사장이 되다 (별 셋-일곱까지) 제사장 단계: Page(수습, 별 하나) → Squire(기사의 시종, 별 둘), 별 셋부터 정식신부(계19:1- , 통치당한 상태로 간다, (계19:6)

» 나사

- 빠져나갔다면, 안 좋은 것을 빼내는 것, 버리면 안 되는 것을 버렸다

» 나팔 (사58:1)

- 좋은 일이 있을 때, 어려운 일이 있을 때, 경고할 때 부는 하늘의 소리

» 낙서가 되어 있다

- 종이 위에 지저분하게 낙서가 되어 있다는 것은 내 혼(렘17:1,2 고후3:3, 살전5:23 마음 판)에 말씀이 아닌 세상적인 지식, 사고, 습관, 말, 행동이 새겨져있다. (참고, P102)
- 깨끗이 지우고 말씀에 부합하는 새로운 것들을 새겨달라고 의뢰해야 한다.(마7:15-27) 새 포도주는 새 가죽부대에 담아야 한다.(마9:17)
- 먼저 말씀을 날마다 10-40장까지 읽어 내려가며 먼저 말씀을(렘17:1, 혼 마음 판) 새기면 생명이 된 말씀이 나를 변화시키는 열쇠가 된다.

» 낚지

- 꼭 붙어서 잘 안 떨어지는 귀신
- 혼에 너무나 박혀서 잘 안 고쳐지는 말과 행동 (렘17:1)

ㄴ

» 난을 꽃꽂이 하려 한다

- 귀한 사람에게 소원을 이루어주려고 훈련하려고 다른 곳에 옮기려 한다. 주의 종, 연약한 상태

» 날아다니다, 공중을 날다

- 성령 충만한 상태

» 남이 던진 생계란을 먹다 (잠24:25)

- 남의 훈계를 통해 성장하다.

» 남자 애기

- 새로 전도된 남자 성도,

» 남장하다(여자가)

- 남성적인 지도자 기질을 가진 강한 여자
- 남자 귀신이 있는 여자니 기도하여 여성적인 면을 갖추도록 한다.

» 남편 (고후, 11:2)

- 예수님의 모습, 이때 이 분들의 모습은 모두 나의 모습
- 내 남편의 모습
- 남의 남편하고 함께 하는 모습. 불법하고 있는 모습, 귀신이 시키는 잘못된 행동을 하고 있다.

» 남편과 얼마동안 떨어져 있어야 한다 (계21:2)

- 예수님과 육신의 남편, 소원이 얼마쯤 연기 된다.

» 낫 (계14:14-16)

- 귀신 잡는 도구, 회개케 하는 말씀

» 낭비하다

- 사람을 세우는데 시간을 너무 많이 들인다.(회개의 말씀을 가르치지 않을 때) 딤후4:2
- 물질을 많이 소비한다. 이것은 하늘나라의 돈을 낭비하는 것이다. 눅16:1
- 우리의 삶이 잘되게 하는데 기도만을 가지고는 오래 걸린다. 금식하면 급속한 치료(막9:29, 사58:8)가 이루어져 하늘의 돈을 아껴 그것을 내가 쓸 수 있어 부요를 갖게 된다.
- 내일 일을 자랑치 말라, (잠27:1, 마6:34) 내일 한다고 하면 못 한다고 하시는 말씀으로 받아서 오늘 최선을 다해야 한다.(신10:13) 우리는 하루살이 (벧후3:8)
  .내년(일 년 뒤 쯤) (겔4:6)

» 냄비에 음식이 타다

- 몸 성전이 냄비 같다.(쉽게 화내고 쉽게 삐진 사람), 병 생긴다는 것
- 홀딱거리다 자기 성질에 못 이겨서 병난다는 세상 말, 금식하면 고쳐 주십니다.

» 냉장고

- 부요의 정도를 말한다.
- 냉장고가 크고 그 안에 먹을 재료들이 많다는 것은 육신적으로 먹을 것이 풍족한 것도 되고 영적으로 말씀의 재료가 풍부하게 준비되어 있는 상태이다.

» 너구리

- 아주 질기고 강한 사람
- 무엇이든지 누구든지 해보는 사람
- 지혜가 많고 두려움이 없는 사람 (요일4:18)

» 네모난 후라이팬 (마6:1-)

- 미지근, 구제(전도), 기도, 금식, 헌금이 의무라는 것을 알고 지키고 지키려고 애쓰데 잘 안 되는 성령충만이 필요한 사람
- 후라이팬이 뜨거워 음식이 잘 익는다. 성령 충만한 사람
- 미지근하여 음식이 안 되는 사람(계3:16) 성령 충만이 약하니 금식하세요

» 넥타이

- 구원(생명)의 약속

» 노란색

- 예수님의 사람이라는 것을 표 나게 사는 사람
- 경고장(옐로카드, 말씀에 어긋난 행동을 할 때), 마3:2

» 노련한 경찰

- 딱지 떼는 사마귀, 나를 노련하게 갖고 놀며 나쁜 일을 시킨다.

» 노래하다(음악)

- 삶의 문제가 해결되고 잘되어서 하나님께 영광과 찬송이 되다. (사5:1, 빌1:11, 나만 노래하는 것이 아니라 하나님 아버지도 기쁘셔서노래하신다)

» 노름하다

- 세상적인 것을 즐기다(롬8:12, 13), 돌이키지 않으면 벌이 온다.

» 노인이 짜증내며 서운해 한다

- 내 삶을 분별하여 회개했더니, 저주 귀신이 나가려고 서운하다고 신경질을 부린다. 이럴 때 삶에 짜증스러운 일이 생길 수 있다, 이럴 때 잠을 자고, 쉬고, 금식한다.

» 노천탕 (잠22:14)

- 조상들의 우상숭배로 진노당한 백성들을 거룩하게 만든 탕 (벧엘기도원)

» 노크하다

- 다른 사람의 방에 들어갈 때는 노크를 해서 허락을 받고 들어가듯이, 상대방이 원할 때 교제가 이루어진다. 마5:38-42
- 다른 사람의 마음의 방에 노크하지 않고 들어간다는 것은, 듣기 싫어하는데 혼자서 계속 떠드는 사람
- 상대가 원할 때 대화하고 또 도와주는 비싼 손과 입이 되어야 한다. 그것이 전문인이다.(잠22:29)

» 논 (고전3:9)

- 사람의 마음 밭, 자라는 식물들의 과정을 보며 때와 시기를 분별

» 논문

- 설교, 삶

» 놀이동산

- 기도원, 어떤 곳을 갔는데 재미있다, 은혜 받았다.

» 높은 산에 중국 사람들이 산다

- 영계의 높은 산에(마17:1-) 있으나 아직은 가난하다
- 그러나 큰 나라 사람들이다. 심령이 가난해지면(금식) 부요해진다. 마5:2

» 누더기를 입은 사람을 데리고 왔다

- 어떤 사람이 올 때 거지귀신을 데리고 왔다.

» 눈(내리는 눈)

- 복, 추위, 추위를 견디면 복이 된다.
- 복 받기 전에 오는 강한 시험과 훈련일 수 있다.

» 눈(눈이 예쁘다)

- 다른 사람과 사물을 보는 시각이 긍정적이고 바르다.
- 눈이 없다, 영계를 바르게 보지 못한다는 것
- 눈에 검은 안경이 끼었다, 세상을 부정 즉 본다는 것(민14:32-33) 세상을 아름답게 보는 긍정의 눈을 가진 사람은 복 받는다 세상은 언제나 밤과 낮이 있듯이 부정과 긍정이 함께 하기 때문이다.

» 능력, 권능(예수의 이름으로 더러운 귀신아 나가라, 마10:1)

- 레이져 빔의 종류, 성경으로 빛과 어둠을 나누어 사람을 치료하는 도구, 말씀 (창1:4,5), 지혜와 지식의 은사(고전12:8, 전7:19)
- 최신 미사일: 예수이름을 사용하는 종의 능력
- 총 종류, 화살, 막대기, 갈대 등으로 모양과 사이즈로 능력의 척도와 어떻게 일하고 있는 것을 분별할 수 있다.
- 아무리 능력이 없어도 예수의 이름을 사용하는 종과 백성에게는 능력의 그 이름이 일하신다. 자꾸 쓰면 훈련이 되어져서 능력자가

된다.(막5:8)

» 니트

- 오랜 시간 동안 훈련을 통해 변화된 예쁜 성경적 유덕한 행위(잠11:16)
  - 니트 드레스 : 뜨게질 바늘로 된 것, 그의 손의 봉사를 통하여 인내로 구원을 이루어 신부된 사람(창3:16, 계22:17) 이긴 자(계2:11, 17, 3:15, 12, 21)

ㄷ

» 다리(사람 다리)

- 늘씬하고 이쁘다. 다니는 곳이 이쁘다.

» 다리(강 위에 놓인 다리)

- 잘 놓아져 있다. 영육이 잘 된다.
- 천국가는 다리이기도 하지만 가나안에 들어가는 다리로 영육이 잘되는 다리이다 건너가야 한다.

» 다리공사 중

- 문제를 해결하려고 준비 중이다.
- 다리 건너더라, 문제의 강을 건너 해결 시점으로 가더라 (홍해나 요단강)

» 다림질하다

- 구겨진(성경이 아닌 조상들로부터 배운 망령된 행실(벧전1:18) 행위를 펴서 아름다운 성경의 행위를 만든다.

» 다섯시 사십분(5시40분)

- 다섯 가지를 삶에 접목하며 시시각각 변하는 하루를 대처하며 살았더니 광야 40년이 끝났다.

» 다이아몬드

- 아주 강하고 귀하고 맑은 사람

- 영광이라 하셨는데 다윗을 통하여 유덕의 훈련을 마무리하셨다, 영광은 유덕과 함께 온다.(잠11:16)

» 닥크 앤젤(Dark Angel)

- 하루의 삶 중 악한 행위는 마이너스로 계산한다. 반대로 선한 행위는 +(플러스)가 되어서 분기별로 계산하여 복과 벌로 보응을 받는다. (잠11:31, 13:21, 14:14)

» 단발머리

- 생각을 가지런하게 했다는 것

» 닫혀진 책

- 성경이 당신에게 닫혀 있다.(복을 받을 수 없다)
- 행위가 성경하고 안 맞는다는 것(계3:18)

» 달

- 어머니(성령), 창37:10, 갈4:26

» 딸과 어머니

- 어머니는 성령, 딸은 본인이다.

» 담배 피운다

- 세상 것에 또는 돈에 치우친다, 잠20:1

» 땅(흙)

- 부들부들하다, 아주 잘된 사람(마13:8) 좋은 땅에 심으면 백배 난다

- 딱딱하거나 가시, 돌, 거친 풀이 있다(잠24:31), 그의 마음속에 있는 상처 때문에 사람과의 관계성이 원활하지 못한 사람

» 닭

- 사람, 성도, 전도자(계란을 낳아주니까),
- 말로 쪼는 귀신으로도 본다. 말로 상처를 주는 사람
- 닭튀김, 성도들이 예쁘게 된 모습

» 대나무

- 속이 빈 대나무처럼 자기의 생각을 비우고 성령의 생각대로 움직이는 멋진 사람, 상태를 보고 분별

» 대도시

- 대형교회로 간다.

» 대상

- 예수님 때문에 욕을 먹고 박해당하고 악한 말을 들을 때 받는 큰 상 (마5:11)
- 자신과의 약속, 상대와의 약속을 잘 지키는 사람도 대상감이다.

» 대변(똥, 더러운 귀신) (막5:8, 9:25)

- 화장실 가득, 삶이 저주로 인해 완전한 어려움
- 다, 회개했더니 화장실이 깨끗이 퍼졌다.
- 소변봤다, 회개했다.

» 대변이 둥둥 떠다니는 물

- 이물이 있는 기도원이나 교회의 책임자의 영성, 귀신적으로 한다, 성경이 아니다.

- 저주가 풀릴 때가 되어 귀신이 나가고 싶다고 하는 것 하나님 기뻐하는 금식으로 흉악의 결박자를 내보내고 나면(사58:6) 삶이 형통해진다.
- 화장실 갔다, 금식해서 귀신이 나갈 문을 열어주었다.

» 대변(똥)이 변기에서 내려가지 않고 있다

- 귀신의 정체는 알았으나 아직 행위가 고쳐지지 않았으므로 아버지께 고쳐달라고 의뢰하고 금식하며 기도하여야 한다. 그리고 기존의 잘못된 행동을 안 하려고 끊임없이 나를 쳐서 복종시켜야 한다.(눅9:23, 고전9:27)
- 변기, 모양과 만들어진 상태에 따라 오른뺨 때리면 왼뺨을 내놓을 수 있는 사람, 한 대 때리면 열대를 때릴 사람인지를 분별한다.

» 대변(똥)통에 빠져 허우적되다

- 귀신들의 가르침을 받아 그것이 성경인 줄 알고 고통당하며 사는 사람
- 조상이 내려준 인격을 고치지 못하고 고통의 삶 속에서 살고 있는 안타까운 모습

» 대통령

- 여호와 하나님 아버지(출3:14), 왕되신 우리 예수님(계5:10)
- 미국이나 중국 같이 큰 나라 대통령이 오면 그만큼 능력 있는 예수님을 모시고 있어서 일도 능력 있게 해 주신다. 우리나라 대통령도 능력의 척도나 그 분이 하신 일을 보면 나에게도 그렇게 해주시겠다는 것을 뜻한다.
- 그 사람을 쓰고 계신 예수님의 능력을 나타낸다. 순종하여 그렇게

될 수 있도록 해야 한다.
- 나의 간절한 기대와 소원은 내 몸에서 그리스도께서 존귀케 되는 것이다.(빌1:20)
- 제사장 신부들에게 이렇게 나타내신다.(계5:10)

» 대형 제트기
- 교회, 사업, 빠르고 안전하고 든든한 사람

» 더덕 심어 연계해 놓았다
- 유덕하게(잠11:16) 사람들과 살아서 때가 되면 복을 받겠다.

» 도래교회
- 물과 성령으로 거듭난 사람, 교회(요3;1-5)

» 도미노 현상으로 무너진다
- 합력하여 선을 이루어 함께 무너뜨리는 현상, 주로 귀신들이 나갈 때 쓰시는 말씀(롬8:28)
- 한 가지 문제를 해결하려 금식했는데 여러 가지의 문제를 함께 해결 한다는 것

» 독립군의 자식들아
- 생명의 성령의 법으로 죄와 사망의 법에서 해방시킬 사람이라는 비유(롬8:2)

» 도장
- 택한 자에게 찍어주는 도장, 크기와 사이즈에 따라 사명이 다르다. (아8:6)

- 공중의 왕, 영계가 높은 사람, 제사장 신부들에게 말씀, 육이 죽어서 강한 지도자가 된 사람(마24:28)

- 홀로 하나인 나라 즉 성령께 온전히 통치된 사람(계19:6), 예수님의 신부된 종, 목사

- 믿음의 척도, 금이나 은보다 못하다, 전진하라, 강함 분별, 훈련의 단계
- 겨울(동)로도 본다, 2층 산의 종

- 은사의 방, 마음속에 있고 사역의 장소에도 있다.

- 행위가 고급이 아닌 기초를 갖고 있다.(빌1:11)
- 고급 사람을 돕는 성경을 갖지 못했다.

- 형제들 하나님의 말씀과 뜻대로 살고자 하는 예수님의 사람들 (마12::50)

- 하나님을 믿으면 된다는 믿음 자, 굵기 따라, 믿음 분별
- 사람을 의지하는 믿음, 약한 고무줄
- 주면 믿는다는 사람, 영원히 이루지 못한다.

» 동지 팥죽 (창25:29-32)

- 야곱이 끓여서 형에게 주고 장자권을 산 죽
- 팥죽 끓여라, 어떤 행위를 해라, 순종하라. 그러면 야곱 같은 복을 그때 주마, 야곱의 복, 대표자의 복이다.

» 동전을 줍다

- 시끄러운 내 삶을 정리하는 중

» 동치미

- 금식하고 보식할 때 먹는 물김치, 금식하라는 것 (사58:6)

» 돼지

- 욕심쟁이 사람에게 들어있는 귀신
- 복도 된다.(복 돼지),
- 탐욕 귀신

» 두 번째 주

- 머리를 주께 번제로 드려서 죽이면 열매를 맺는다.(요12:24, 마6:17)

» 두부

- 감옥에서 나올 때 먹는 음식, 저주귀신에게서 빠져나왔다는 것

» 두 시

- 시시각각 머리(생각)를 하나님께 맡기라
- 머리에 기름을 바르고(마6:17) 유덕하라(잠11:16)

» 두 달

- 두해 또는, 두 가지의 행위를 멋지게 단련하라

» 두 개의 삽

- 내가 가진 은사. 달란트 중. 금식과 꿈 · 환상

» 뒤돌아선 모습

- 적이라는 것

» 돼지고기

- 돼지 귀신 잡은 것, 씻었다가 도로 눕는 죄의 문제를 잡았다는 것 삶아 먹었으면 완성

» 둥근 부침게

- 성령의 완전한 삶에서 주신 은혜의 산물(마5:17)

» 둥근 후라이팬

- 완전으로 나아가는 (마5:17)모습
- 뜨겁기, 부침의 모양과 맛에 따라 성령 충만의 척도 삶의 진행 상황 분별

» 들이받거나 받치려 한다

- 어떤 사람이 나를 보고 흉본다. 불쌍히 여겨달라고 한다.

» 등에 주민 등록 번호가 있다

- 하늘나라 범죄자라는 것, 저주에 매여 최고 많이 망가진 사람들 (레26:13-, 돈 문제, 건강, 자식문제, 가정 문제등)
- 그걸 떼어주기 위해서 애쓰고 있는 전도자의 이야기

- 금식하여 저주를 끊어줘야 자식이 잘되는데 그것을 모르고 딴것 즐기고 있는 어머니

» 땀 냄새

- 세상에서 즐기고 온 냄새가 난다.

» 땅 긴 것을 끌고 가더라

- 나에게 주실 땅을 관리할 수 있다고 보여주신 것

» 때(죄)

- 우리 몸(혼)에 새겨져 있는 죄(렘17:1)
- 성경이 아닌 잘못 훈련된 말과 행동

» 때(죄) 벗기시는 방법

- 심판과 소멸의 영으로(사4:4) 갖가지 어려움과 삶을 잃어버리게 됨.
- 하나님 기뻐하시는 금식으로,(사58:6)
- 열린 샘에 씻음으로(슥13:1)

» 때를 벗긴다

- 우상숭배한 조상들의 죄와 나의 불순종의 죄 때문에 온 사탄 마귀 귀신이 나의 인격과(말과 행동) 삶을 망가뜨린 흔적을 금식을 통하여 지워나가는 것 (사58:9)

» 떡(떡볶이)

- 말씀의 질이나 훈련 과정
- 떡을 먹다 : 다 먹어야 한다, 다 먹어야 끝난다. 얼른 순종시키라는 것

ㄹ

» 라디오

- 설교자. 라디오나 오디오가 기능이 좋고 크다는 것은 성령께서 원하시는 대로 설교를 잘하고 있다.
- 처음 꿈, 환상과 음성으로 교제를 시작할 때 주파수를 맞추는 꿈을 많이 주신다. 성령께서 우리를 자신의 마음에 맞게 훈련시키실 때에

» 라면

- 말씀의 질의 척도, 인절미, 떡, 밥, 죽 다음에 라면 이런 식으로 해석

» 레슬링 한판 하려 한다

- 어떤 사람하고 한 판 하려 한다, 욕하고 싶고 화내고 싶은데 참는 모습, 화내지 않고 싸움하지 않으면 승리

» 리어카에 죽은 쥐 청개구리 실어 버리려 하더라

- 죽은 쥐, 말이 고쳐졌다는 것
- 청개구리, 거역의 영을 버리려 하더라, 이제 알아들었으나 고치진 못했다.

» 리어카

- 아직은 연약하고 안좋은 상태, 좋은 차로 바꾸어 주세요

- 예쁜 색 립스틱, 말을 예쁘게 하는 모습
- 너무 빨간 색이나 예쁘지 않은 색, 말이 이쁘지 않다.

» 마룻 바닥

- 내가 뛰어 일하는 바닥
- 견고하면 좋고 허술하면 만들어 달라고 해야 하며 훈련이 많이 필요하다.

» 마이크

- 설교
- 설교자, 마이크를 손대지 않고 움직일 수 있다는 것은 설교가 성령님이 원하시는 대로 자유롭게 설교하게 된다는 의미
- 찬양

» 마약

- 세상적인 것에 빠지게(중독) 하는 것, 잠20:1

» 막대기 (삼하7:14)

- 인생 채찍, 돈 문제, 건강 문제, 자녀 문제, 가정 문제가 돌아가며 생기는 것(레26:13-)
- 사람 막대기의 어려운 고난, 남편과 아내, 형제 성도들이 볶아대는 것
- 매 때리는 도구

» 만원 (신33:17, 삼상18:7,8, 시68:17, 144:13, 계5;11)

- 다윗에게 만만을 돌렸던 이스라엘 백성 결국 다윗은 영의

사람으로 승리했고

- 사울은 천, 즉 육의 사람으로 멸망했다, 만원이라는 뜻은 영혼이 잘 되어야 범사가 잘된다는 요삼1:2절 말씀이다, 영혼이 잘 되어야 한다는 것

- 천원, 육이 잘되게 해주겠다는 것. 육신의 삶을 버리고 영의 사람으로 서면 천복을 받는다. 땅에서 잘되게 된다. 이것을 딸이라고도 한다. (벧전 3:6)

» 만화책

- 영계를 가볍게 볼 수 있는 책

» 만화책을 본다

- 재미있게 영계를 배우고 있다는 뜻이다. 그러나 단계가 높아졌는데도계속 만화책만을 보고 있다면 더 수준 높은 영계를 볼 수 있도록 간구해야 한다. 멋진 티브이나 영화관을 달라고

» 많은 사람이 나를 지켜보고 있다

- 나의 하는 일을 지켜보고 있다.

» 말에서 떨어졌다

- 어려운 일 예고, 삶에서 분별 회개 돌이키라

» 맛있는 떡을 얻더라

- 어려운 사람을 도와주라 그러면 좋은 것을 주리라(마25:46)

» 망토

- 귀족의 예복, 이 옷을 입혀주셨다면 당신을 성장시켜 신부로 만들고 싶어하시는 특별한 택함의 사람, 앞으로 잘되어서

예수님의 신부의 권세를 갖게 된다. 에스더처럼 (계5:10)

» 망치

- 때려부수는 것, 나의 잘못된 것을 부수라는 것

» 먹고 자고 잘하더라

- 평안하다

» 머리가 부드럽고 찰랑찰랑하다

- 생각이 부드러워지고 유덕해졌다.(잠11:16)

» 머리로

- 지혜로 일하는 사람(전7:19-20, 고전 12:8)

» 머리를 깍다, 정리하다

- 영적으로 단장하는 것. 생각을 다듬고 정리함

» 머리를 세 번 감더라

- 세 가지의 생각(지식)을 바꿨다.

» 머리에서 누르스름한 것이 뚝뚝 떨어지더라

- 머릿속에 있는 잘못 배운 지식들이 새로운 것을 배우므로 나간다. .깨달아지는 만큼 나간다.

» 머리카락을 잔뜩 입에 물고 있다

- 자기가 하고 싶은 것을 쉽게 서원하려고 한다. 하나님께나 사람에게 쉽게 입으로 보증을 서면 안된다, 말해놓고 못하면 사람이나 하나님이 가만 두지 않는다.(잠언6:1,2 전5:2-6)

» 머리카락을 잘랐는데 사이에 벌레들이 있다

- 세상 사고, 저주의 사고를 가졌다.

» 머리핀, 머리띠 (엡6:17)

- 영광, 대부분의 머리 장식은 면류관의 의미로 하나님께 영광을 돌릴 좋은 일이 있을 것
- 머리에 너무도 많은 머리핀을 꽂았다면 무엇인가를 인위적으로 잘하려 한다.(계22:18-19)는 것이다. 너무나 여러 가지를 잘하려고 하는 것이다, 하나님은 단순한 것을 좋아하신다. 너무 많이 잘하려 하지 말고 나에게 주어진 일에 최선만 다하자. 상 받읍시다!

» 머플러

- 사람들에게 보이는 예쁜 모습, 작은 영광

» 먹다

- 취하고자 하는 것, 바라던 것을 이룬다.
- 말씀을 잘 받아먹는다, 회개에 이른다.(마3:2)

» 먹을 것을 바닥에 흘리다

- 말씀이 깨달아지지 않는다, 삶이 어렵고 부족하다.

» 머리에 염색하다

- 생각을 예쁘게 다듬고 있다.

» 메가리스(헬라어, 빌1:20)

- 나에게서 그리스도께서 존귀하게 되는 것, 존귀(계5:10, 벧전2:9, 신부의 존귀)

- 많다, 삶의 진행 중의 작은 일들, 나무에 잔가지 치듯 버려야 한다.

- 사단적인 사람이 와서 나를 훈련시킬 것이라는 것, 단어 하나하나로 해석해도 됨

- 최고의 능력자들 (예수님의 신부들, 제사장,계1:6)

- 하나님 아버지의 마음에 든다.

- 피를 빨아 먹는 해충으로 물질적인 어려움을 겪고 있다. 카드빚을 모기떼에 물렸다라고 보여주신다.

- 하나님 아버지의 말을 듣고 행하지 않는 사람을 가리킨다. (마7:26)

- 말씀대로 살지 못한다, 모래로 집을 지으려 한다.(마7:26), 시멘트를 섞어야 한다, 말씀대로 순종해야 한다.

- 구원의 투구(엡6:17)
- 모자가 훈련이 잘되면 금 면류관으로 바뀌면서 나를 금 만드는

방법으로 다른 사람도 그렇게 만들 수 있다, 말3:1-

» 모자 색깔

- 그 사람의 은사와 생각하는 방향
- 노란색, 예수님을 사랑하는 사람
- 초록색, 성령님의 사람
- 빨간색, 생명의 주인 여호와 하나님께 생명 드린 사람, 사7:9

» 목걸이

- 생명과 같은 약속 (천국과 삶이 잘되는 약속, 행2:21)
- 내게 주어진 사명을 감당하는 것은 목숨처럼 중요하다는 것
- 구원 약속(영육, 행2:21)
- 구원을 위하여 이루어 나가는 중에 금, 은, 동 등은 훈련의 과정
  분별

» 목욕탕 (슥13:1-2)

- 깨끗하게 씻는 곳, 기도원

» 목욕하다(요3:10)

- 금식하라, 회개하라

» 목천

- 살아있는 생명나무, 성령이 충만한 사람

» 못 (렘10:4, 전12:11)

- 나무로 된 굵은 못을 어떤 판에 박으니 그것을 밟고 올라간다.
- 사람들의 비아냥과 비웃음이 내 가슴에 못을 박는 듯하지만
  그것을 딛고 승리한 사람을 말씀하심

- 못에 관계된 것은 말씀을 잘듣고 못을 박는듯이 단단히 박으라는 뜻도 있음

» 몽골

- 꿈의 골짜기. 벧엘 기도원

» 몸에 벌레가 빠져 나간다

- 귀신이 나의 몸에서 나가는 것, 나의 행위를 회개했다.

» 몸에 구멍이 남

- 예수 이름으로 나가라며 기도를 계속 받으면 몸에 구멍이 나있다. 그곳으로 들랑거리며 귀신들이 계속 괴롭힌다.

» 무궁화

- 나라의 꽃, 옷에 그려져 있거나 모자에 있으면 네가 나라의 대표라는 것

» 무당이 죽었다

- 회개하여 내 속에 들어온 큰 귀신이 나갔다.
- 회개하게 해주신 아버지께 감사

» 무당이라 하신다

- 불순종의 영(귀신)이 일어났다는 신호(엡2:2)

» 무덤을 돌로 예쁘게 장식

- 나의 삶을 더욱 아름답게 만들기 어려움이 있다고 위로

» 무동골

- 무, 없다
- 동골, 동네의 골짜기
- 성령 없이 자기 마음대로 하는 육의 사람(롬8:12,13)

» 무수리
- 예수님의 신부감이나 아직 훈련 중인 사람 (2층 제자, 마5:1)

» 무법자
- 성경의 원칙을 무너뜨린 사람. 이런 사람은 평생 악인이 된다.

» 무용 연습
- 하나님의 말씀대로 행하려고 훈련한다. 그 훈련이 잘되면 무용 작품 같이, 멋진 삶을 살아드릴 수 있게 된다.(히12:11)

» 무지개
- 약속 (창9:13)

» 묵상 기도 자 (벧전2:23)
- 상대의 질책과 손가락질과 욕에 대응하지 않고 공의의 판단자이신 하나님께 맡기고 예수님의 흉내를 내는 사람. 눅23:34

» 문(창문, 마음의 문)
- 문이 닫혀 있다, 마음이 닫혀 있어 접근이 어렵다.
- 문이 열려있다, 접근해 볼만하다.

» 문(법, 입)
- 예수님(요10:1-6, 계22:14) 2)은 문이요 길,
- 온전히 만들어진 문으로 들어오고 나오는 것, 예수님의 뜻대로

순종 하고 있다 것

- 문이 아닌 창문으로 넘어가는 것은 성경을 역행하고 있다는 경고, 도둑, 요10:1
- 문은 입이다, 모든 일은 말이 있어야 할 수 있다.
- 부정, 안돼! 못해! 이런 말은 no!
  긍정, 할 수 있다 하면 하나님께서 하신다.
- 사57:19, 입술의 열매를 짓는 나 여호와, 말하는 대로 이루신다.
  그래야 다 하신다.

» 문단속하라

- 입 단속하라

» 문 좀 닫으세요

- 입 좀 닫으세요, 말이 많으셨나 봐요 원망 불평하셨나요 (민14:27,28)

» 문제집(참고서)

- 학생이 문제집을 많이 풀면 시험을 잘 보듯이 주의 종과 백성들도 대인 관계 훈련을 통해 멋진 대처 방법을 터득하면 가정,교회, 사회 생활이 행복해진다. 나를 알고 그것을 통해 다른 사람들을 대하면 행복하게 함께 살 수 있는 모든 공동체가 된다. 예수님처럼 화목 제물의 역할을 담당하게 된다.

» 물

- 산꼭대기에서 흐르는 물(시46:4, 계22:1), 영성이 높은 기도원
- 바닷물, 세상
- 물에 씻더라(슥13:1-), 금식으로 씻으라는 것

- 어떤 수영장에 들어가더라, 그곳에서 훈련받으라는 것, 더러우면 안 들어가면 된다.
- 깨끗한 물속에 빠져서 구경했다. 영적인 상태가 좋은 곳에서 재미있었다.
- 우물물, 마음 성전의 물, 깨끗함 깊이 넓이에 따라서 그 사람의 영성을 분별할 수 있다. 잠18:4
- 물이 없어 목이 마르고 논밭도 마르다, 성령 충만이 떨어졌다, 금식(엡5:18) 성령, 돈이기도 하다, (사 55:1, 요4:14, 7:38-39)
- 수정같이 맑은 물(계22:1), 사람의 마음속에 물로 임하신 성령, 사람통해 나타나신 척도(요3:5)
- 더러운 물(흑탕 물), 1988년 우리나라 영계의 물에 모습
- 시커먼 물, 2000년대의 우리나라 영계의 물의 모습, 계22:1,2
- 핏물, 2010년 이후의 우리나라 영계의 물의 모습(전쟁의 위기에 와버렸다. 우리의 죄악과 영계를 흐리게 하는 성경을 버린 인격이) 우리 모두의 기도와 금식으로(막9:29) 회개하고 용서하므로 이 영계의 물이 맑은 물로 바뀌게 되기를 원하신다. 아버지께서 복 주신다.
- 바닥이 석회질의 바닥, 회칠한 무덤을 이렇게 말씀하신다. "겉으로 보기에는 아름다워 보이나 그 안에는 죽은 사람의 뼈와 모든 더러운 것이 가득하도다."(마23:27) 삶은 어려움 중에 있으면서 말씀을 전하거나 예언과 꿈.환상을 보며 사람을 인도하고 있는 종들에게 하시는 말씀
- 바닥이 크고 작은 조약돌이며 모래이며 물이 살아있는 표징이 있는 연못은, 그의 삶과 영계가 함께 살아있다는 것이다.
- 예수님으로부터 흘러나오는 물이 나의 마음속에서 생수의 강같이 맑게 흐르면(요4:14) 내 삶이 아름답고 즐거워지고, 더러우면

멸망당하여 삶이 망가진다.(레26:1-)
- 사람 마음속에 있는 생수가 바로 나의 교회와 집과 나라와 모든 것을 잘되고 망하게 하는 표징이 된다.(요3:5)
- 금식해서 내 영혼을 깨끗하게 하면(요일3:1,2) 나라의 영계의 물은 자동으로 바뀐다, 나쁜 나라의 일과 개인의 일이 좋아진다.

» 물이 발목까지 오르더라 (겔47:3)
- 발목, 무릎, 가슴, 계속 성장해 나가길 원하신다.
- 원하는 것의 양에 비유된다. 머리까지 원한다면 부족을 말한다.

» 물체의 높낮이가 안 맞다
- 저 사람하고 생각이나 학력의 차이가 안 맞다.

» 뭔가를 얻어졌다
- 도와줬다

» 미국 가더라
- 금식하고 회개하여 아름다운 행복한 하루를 갖는다.

» 미국 헌법에 잘못된 것을 찾아라
- 아름다운 나라로 가는데 말씀대로 하고 있지 못한 행위를 찾아라.

» 미끄럼 틀
- 재미있게 배운다.

» 미꾸라지
- 불순종하며 쏙쏙 빠져나가는 사람

» 미나리가 푹 삶아졌다

- 하나님의 사람들이 육이 죽어 복 받게 된 상태

» 미술, 미술관, 미술책

- 꿈과 환상. (요한1서1:1)
- 미술학교에 다닌다는 것은 꿈과 환상으로 하나님과 교제하는 것을 배우러 다닌다. 벧엘 영 · 서학교(영, 영적인 문제를 서, 성경으로 배우는 학교)
- 그려진 그림을 보고 그대로 잘 따라 한다는 것은 해석도 잘하고 보여주시는 대로 순종하고 있다.

» 미싱

- 행위 고치는 은사, 계3:18

» 미인

- 하나님과 사람에게 이쁜 사람

» 미용사

- 머릿속에 있는 잘못 알고 있는 지식을 정리하는 사람
- 예수님의 뜻대로(말씀) 살도록 새로운 지식을 가지면 머리 스타일이 예쁘다.
- 옛구습을 버리지 못하고 있으면(엡4:22) 아주 헝클어진 머리로 보인다.
- 말씀에 입각한 아름다운 지식과 지혜로 행위를 0.8초로 훈련시키는 사람

» 미용실

- 말씀의 새로운 지식과 훈련으로 아버지와 행복하게 살게 하는 기도원

» 미용실에서 머리하다 (마6:17)

- 생각을 아름답게 성경에 새로운 지식을 갖다.
- 잘못 알고 있는 지식을 머릿속에서 정리했다, 버렸다.

» 미친 여자

- 성경하고 다른 행동을 했다는 것

» 믿음이 좋으니 네가 해라

- 비웃으시는 것이다(시2:4)

  * 우리가 하고 있는 행동이 맘에 안 드실 때에 비웃으신다.
    이런 꿈 · 환상 찾아내면 문제가 해결 된다.

ㅂ

» 바구니(사람) (딤후2:20)

- 무엇이 담겨 있느냐에 따라 영성 분별

» 바다

- 세상(합2:14)

» 바다에 배 떴는데 애기 낳아서 축하하느라고 바쁘다

- 교회에 전도가 잘되어서 즐겁다.(마6:2, 구제, 전도)
- 바다에 물이 완전히 차버렸다. 좋은 기회를 주었는데 잡지 못했다. 무엇인가 하려 했던 것을 못한다.

» 바닷물이 가득 차서 더 이상 낚시 할 수 없다

- 삶의 어려움이 온다.

» 바닷물이 빠져서 많은 것을 잡을 수 있다

- 세상에서 삶이 풍족해진다.

» 바닷가에 모래가 아름답다 (요12:24)

- 내가 부셔져서 모래가 되었다는 것
- 계속 배워서 진행해야 한다.

» 바운더리가 처져있다

- 분량 밖으로 넘어가지 말라(고후10:13-15)
- 남의 일에 간섭하지 말라는 말씀(롬14:4)

» 바위 (마16:18, 눅16:48, 고전10:4)

- 크기 믿음의 척도

» 바위 속에 홍합을 캐서 나누어 먹더라

- 바위(믿음) 속에 홍(예수님)합(합일하여) 만들어낸 열매를 먹더라.

» 바위 속에 학교가 있다

- 믿음의 반석 위에 바위를 뚫는 듯한 고통 속에 훈련받고 그곳에 학교를 세웠다.

» 바지

- 생식기를 포함한 하체의 건강 상태, 부부 관계 설명

» 바지가 다른 사람 것인데 뒤지려 하더라

- 성공한 사람의 발자취를 보려 하더라

» 박계권

- 박씨 계보의 권세 있는 사람,

» 박스

- 무엇이 들어있는가, 버리라 보내라

» 바리케이트

- 나를 보호하는 보호막, 웃음

» 바바리

- 흰색, 거룩한 사람과 계절을 의미
- 남색 바바리, 아직 배워야 함

» 반석 (마16:18)

- 하나님 아버지의 말을 듣고 행하는 지혜로운 자를 가르친다,
  배운다 (마7:24)
- 굳은 믿음(마16:18)

» 반지

- 약속

» 반찬의 종류, 통

- 은사, 은사를 가진 사람 (고전12:1-11)

» 발성 연습

- 삶의 찬양 훈련, 높은 음을 잘내면 지도자로서 잘하고 있다는 의미
  (빌1:11)

» 발 냄새 (요13:10)

- 다니는 곳이 더럽다는 것,
- 거룩한 곳에 있다, 발이 이쁘다.

» 발이 닿지 않은 의자

- 불안정한 상태

» 밤(나무)

- 돈· 성도, 소망

- 삶은 곤고한 때, 인생의 밤은 곧 회개의 기회를 주시는 주의 은혜이며 내가 그분의 사랑하는 자녀라는 증거. 히12:7

- 능력의 방법, 천사와 씨름한 야곱(창32:24)

- 말씀, 떡(요4:34, 6:50-55)
- 밥, 죽, 멀건 죽, 밥에 벌레가 있는 등은 강대상의 말씀을 분별하신다.
- 성령께서 자신의 이루어나가고 있는 삶과(눅1:1) 말씀을 통하여 전하는 메시지를 떡으로 표현하신다.
- 반찬의 종류: 은사로 본다.
- 과일이나 그 외 : 잘살 수 있게 하셨다는 것

- 간식, 가나안의 소산을 먹기 전에 광야의 만나, 본식 먹기를 소원해야 한다.(수5:12)

- 말씀 없는 자기 마음대로의 삶을 산다. 나를 고치지 않으면 가난이 군사같이 기다리고 있다.(잠24:33,34)
- 밥통, 말씀을 담고있는 종이나 백성

- 소원하는 것이 곧 이루어진다.(잠13:12)

- 성령 충만의 정도, 밧데리가 다 달았다면 얼른 금식을 통해 재충전을 받아서 힘을 얻어야 한다.(마25:1-11).

세 개로 나눈다.
- 안방 : 지성소, 여호와 아버지께서 계시는 곳, 계획하시는 분, 출 3:14
- 건너방 : 성소 예수님과 내가 함께 거처하는 곳
- 거실 : 일터가 된다.
- 경사진 방, 삶을 편안하게 이끌지 못하는 인격의 소유자

- 사람의 마음의 크기(고전3:9)

- 방에서 하는 오락. TV 인터넷

- 성도가 많이 들어온다는 부흥을 예언한다.

- 교회에 문제가 생겼다. 문제의 충격 때문에 성령 충만이 떨어졌다.

- 진행되고 있던 일을 잠시 쉬어라, 쉬게 한다, 문제 생긴다.

- 마음을 보호하는 행위, 유덕과 웃음으로,

» 밭 (고전3:9)

- 마음 밭, 밭의 상태는 나의 영혼의 상태를 말해 준다.
- 밭에 열매가 주렁주렁 열려 있으면 영혼이 잘됨과 같이 범사에 잘되고 강건하게 된다. 훈련과 준비가 마무리되고 있다.(요한3서 2절)

» 밭이 황폐되어 있다

- 사람이나 교회가 망가졌다.(사58:12)

» 배

- 교회, 배의 크기에 따라, 사역 결정
  - 배에 사람이 가득 실렸다, 교회에 사람이 많다.
  - 비었다, 사람과 물질이 없다.
  - 배가 아닌 배를 타고 바다를 건넌다 : 온전한 성경의 인격을 지니지 못한 사람의 삶

» 배가 출항 하더라

.준비하고 있는 소망이 시작되다.

» 배춧속을 보다

- 배추는 사람. 그 속을 본다는 것은 사람의 깊은 내면을 본다는 의미로 잠언 20:5절처럼 나를 깊이 보는 명철한 사람은 성령의 모략가가 된다.

» 백마

- 예수님, 거룩한 어떤 종, 모습에 따라서 준마(아1:9)

» 백호(백색 호랑이)

- 금식하여 거룩해진 크게 쓸 사람들

» 백화점

- 큰 교회, 성경적인 능력의 교회

» 뱀 (마10:16)

- 사탄(마23:33, 눅10:19고후11:3, 계9:19, 12:9, 20:2, 창3:1-)
  위의 성경에서 말하는 것은 뱀에 세상에서는 뱀 같은 지혜를 갖은
  지혜자라야 세상에서 승리한다는 비유의 말씀

» 뱀이 날아다닌다

- 귀신이 날쌔서 잡기 어렵다. 사람이 붕 떠있는 사람처럼 정신이
  없다.

» 뱀에 관계 된 꿈 · 환상은

- 위의 해석에 따라 모두 안 좋은 것이다. 그것을 해결해 내기
  위해서 금식해야 하고(사58:6) 뱀 같은 지혜를 가지라는 것은
  뱀에(사단) 세상이기 때문에 지혜롭게 잘 해결해 나아가야만이
  사역과 삶을 안전하게 이끌 수 있다는 측면에서 뱀에 지혜를 쓰신
  것이다 남을 토색하고 남을 해롭게 하는 귀신 같은 지혜는 안 쓰는
  것이 성경적이다. 뱀 같은 지혜를 쓰라고 하셨지, 뱀 같은 사람이
  되라고 하진 않으셨다.
- 태몽이 뱀일 때에는 크기에 따라 사람의 크기를 말씀 하신다.
  사람을 용으로 표현하는 것과 비슷하니 걱정 안 해도 된다.

» 버스

- 교회
- 버스를 탔다. 타고 간다: 새로운 일의 시작이나 변화를 말한다.
- 13번 버스를 탔다면 온전히 나를 보게 되었다는 뜻이다.

» 버스 그레이하운드 샀는데 앞이 안 보인다

- 좋은 교회, 기도원 만들려 하시는데 종이 앞뒤를 분간하지 못한다.
- 하나님이 보여주신 것들을 성경을 삶으로 접목하는 훈련하여 순종하면, 칭찬받고 잘 될 것이다.

» 버스인데 제대로 준비된 것이 없다

- 버스(교회, 사람)가 사람이 많이 타려면 버스 안이 제대로 갖추어져야 하듯이 자신을 하나님과 잘 맞춰 준비하라는 것이다.

» 벌거벗은 사람 (계3:17)

- 불순종자, 행위가 안 좋아

» 벌레 (욥25:6, 시22:6, 합1:14)

- 버러지 같은 너 야곱아! 사41:14
- 벌레 같은 우리가 하나님을 위해서 애쓰는 모습을 보이실 때
- 버러지 같은 못된 짓을 할 때에 버리라고 보이신다.

» 법을 지키는 사람들

- 말씀 따라 사는 제자들(마5:1-)

» 베이스 기타

- 장로님과 전도사님, 사모와 같은 이선 보조자, 회사면 사장 다음의 사람들

» 벽을 뚫고 통과한다

- 불법을 무지무지하게 행하다.

» 벽지를 뜯어 둘둘 말더라

- 나의 마음 성전을(나의 인격) 청소 중 비인격의 기본을 뜯어낸다.

» 별(Star) (고전3:9)

- 예수님의 신부(계22:17), 주의 종 목사(단12:3) 탤런트라고도 한다.
- 일곱 개까지 별을 달 수 있다(계1:5, 1:20, 5:10, 19:7,8, 21:1-)
- 제사장이라고 부르는 곳이 바로 신부며 스타라고 한다. 제사장이 되는 방법은 거룩한 천국 저 높은 곳을 향하여 있다.
- 벧엘은 신부학교가 있다.
- 모자나 옷에 붙어있다.

» 볏 가마

- 부요의 상징, 사역의 사이즈,
- 벼, 훈련의 상황 껍질을 까고 있는 영적 상태

» 병원 4층 (금식 기도원, 수술하는 곳) (사58:1-12)

- 병원, 삶과 병을 고치는 곳(사58:8, 급속히)
- 4층, 너의 육이 죽으면 무엇이든 급속히 치료를 받는다, 육을 죽이는 것이 금식

» 보라색

- 왕궁의 색(제사장, 히3:1, 계1:6, 5:10,)
- 신부에게 입혀 주신다. 하얀색 드레스나 보라색 숄이나 멋진 왕비

복도

» 보리가 노랗게 익어있다
- 환란을 지나서 열매를 맺게 되다, 추수하라, 회개하라(마3:11,12) 금식이 급히 요망

» 보석 디자이너
- 귀한 사람을 만드는 주의 종 (말3:3)

» 보이지 않는 곳에서 소리만 들린다
- 숨겨 놓은 사람들이 있다는 것(롬11:4, 왕상19:8)

» 보일러 속에 좋지 않은 불꽃이 튄다
- 어떤 종(사람)의 속. 불꽃(행2:19) 돈이 또는 삶이 급하게 돌아간다.

» 보직을 얻지 못한 사람
- 주의 종인데 사람을 주지 못한다는 것, 바르게 훈련받아야 된다는 것

» 보험 계약
- 구원 약속

» 복사하다
- 마음 판에 성경적인 언행을 새긴다.(고후3:3)

» 볼펜
- 공부한 것
- 볼펜으로 사람을 찌르는 것, 자신이 많이 배웠다고(롬7:13)

» 봉진(사람 이름을 푸는 것)

- 봉황, 왕에게 주는 표시(계5:9,10)
- 진리, 성경대로의 삶을 살아 잘된 간증거리
- 진리이신 성령이(요15:26) 만드신 예수님의 신부(아4:7-, 계22:17)

» 부자

- 나사로와 부자를 생각하다.(눅16:20), 부자가 예수를 믿으면 부자를 전도할 수 있다.
- 심령이 가난하면 육이 부요해지고 육만 부요해지면 심령가난을(마5:3) 위해 문제가 생긴다.
- 육이 부요해도 심령이 가난하면 언제나 아버지의 사랑을 받는다. (마5:3) 성령 충만이 오기 때문
- 심령 가난은 하나님이 기뻐하는 금식으로 갖는다.

» 부부 관계의 모습

- 남편과 아내가 : 사이좋다, 예수님과 하나 되다.
- 목사와 집사 : 한 마음으로 일 잘하고 있다. 하거라, 이럴 때 꿈 해석 잘못하면 바람난다, 예수님을 위하여 함께 힘을 합쳐 애쓰라는 것

» 부조금 받더라

- 육이 죽을 댓가의 열매(요12:24)

» 부흥부

- 금식하는 권사님에게 하신 말씀. 금식이 삶을 잘 되게 하는 것이라고

- 우상 숭배한 찌꺼기(호2:13), 햇수대로 갚아 주리라, 회개하고 돌이켜 예수님을 잘 믿어야 한다. 영혼이 말라비틀어진 사람이기도 하다.

- 사탄나라(하나님의 공의가 없는 나라)
- 북한 가서 뭔가를 가져오다. 하나님의 사람이 세상(사탄나라)에서 얻는 것

- 사단나라와 하나님의 나라 사이에서 헤매고 있다.

- 사랑의 행위가 있다.
- 루즈, 사랑을 말하는 사람
- 빨간옷, 색깔옷은 그 색깔대로 해석, 사명이 있다는 것

- 나의 성령 충만의 아름다운 모습이 사방으로 퍼져 나간다. (아름다운 삶)

- 성령의 불
  - 히12:29, 죄를 태우는 소멸의 불
  - 마3:11, 성령과 불로서 세례를 배푸실 것이요(성령 충만을 채우기 위해서 죄를 불로서 찌꺼기들을 태우시고, 불이 들어와

울며 회개 하게 한다는 것, 물로 채우신다 동시적인 일이다.
계22:1-2)

- 삶의 불: 급한 일 생기는 것. (돈이나 생명이나 삶에)
  - 아궁이에 불이 잘 타고 있다, 삶이 잘되어 가고 있다. 성령 충만하다 연탄불이 꺼져가거나 보일러의 불이 약하다, 삶의 어려움과 성령 충만이 떨어져 아버지 일하실 수 없다.
- 성령 충만을 채워라, 영혼을 거룩하게 씻는 것은 금식이다.
- 깨끗한 그릇에 물을 담아 주시는 것이 성령 충만

» 불꽃

- 하루의 씨름 어떻게 할 것이냐의 연구가 우리에게 이와 같다.
- 불꽃같은 지옥과(눅16:24, 살후:1:7)
- 불꽃같은 훈련이 우리에게 있다.(계1;14, 2:18, 19:12)
- 불꽃같은 하나님(삿13:20, 사5:24, 행7:30)
- 불꽃천사(시104:4, 히1:7), 불 순종자에게 사마귀 사역자 바람으로 쓰시는 천사, 순종자에게 복 주는 천사(참고, 하나님의 치리법 P 32

» 불도저

- 힘있게 밀어붙이는 사람

» 불덩이가 튀더라

- 복 받지 못할 사람 옆에 있다가 어려움 당하는 것(잠26:17)
- 오리 가자면 십리 가주는(마5:38-42) 십자가의 고난이 좋다 그러나 노하고 울분하는 자 옆에 있다 벌 받는 것(잠22:24)

» 불이나고 끄고 반복

- 반복적으로 물질과 삶의 급한 일이 생긴다.(행2:19)

» 불붙는 집

- 급한 일이 생겨서 망하다. 망해가다.
- 사망의 사단이 침투되어 있다. (롬6:6)
- 나를 보라 불순종 때문이다, 급금식

» 불쪽을 향해 간다

- 돈 씀씀이 때문에 급한 어려움을 만들어 낸다.

» 붕 뜨는 현상(날거나 물속을 헤엄치거나)

- 성령 충만 현상
- 반대 현상(성령 불충만), 피곤하고, 우울하고 부정, 밉고 속상해, 금식

» 브로치

- 빛나게 하는 영광을 의미한다. 삶을 자랑할 수 있게 해 주신다는 약속이다.(벧전2:9하)

» 브레이크 안 듣는다

- 화나면 멈춰지질 않는다,
- 저주에 매여있는 혼에 새겨진 습관이 아직 메꾸어지지 않았다.
- 새 길이(새로운 인격) 준비되지 않았다는 것,
- 0.8초로 훈련해야 한다.(사랑합니다, 감사합니다, yes)

» 블랙홀

- 사람의 힘으로 해결되지 못하는 한 곳을 향하여 빨려들어가는 현상 나라가, 세계가 이와 같다 하셨다. 하나님을 놔두고 자신들의

생각으로 하는 것을 이와 같이 말씀하신다.

- 응답을 제대로 받지 못해서 어려움 당하는 현상

» 비

- 은혜의 단비, 축축한 삶

» 비가 억수같이 쏟아지다

- 삶이 형통치 못하고 구질구질하다. 큰 어려움이 있다.

» 비닐

- 무엇인가 싸려한다면 너무 얇다, 은사가 부족, 능력 부족

» 비닐 하우스 속

- 교회의 모습이나 마음 성전의 모습 이런 마음 성전이나 교회는 단련하여 탄탄한 성전을 만드시려고 시련과 광야가 온다.

» 비닐 봉지 두꺼운 데 다시마 물같은 게 들어있다

- 마음 성전이 비닐 같고, 물이 성령의 물인데 깨끗치 않고,
- 다시마: 세상 것으로 가득 차 있다고
- 금식하여 영혼을 씻으면 깨끗하고 거룩한 물이 담긴다.(고전3:16)

» 비둘기

- 평화의 상징, 성령(온유한 성령), 구슬프게 울며 기도하는 사람

» 비디오

- 하늘에서 말씀하신 것을 다시 기억하라는 것

» 비행기를 타고 날아다니는 사람들

- 선교사님들, 외국에 자주 다니는 사람

» 비행기를 탔다
- 잘나간다, 나갈 것이다, 외국에 간다.

» 비행기표
- 급속한 해결(사58:8), 금식한 자에게 주시는 복

» 빈
- 예수님의 신부 1순위 후보이다. 예수님과 약혼 상태에 있는 사람이다.(왕비 되기 위한 준비 작업 중, 에2:12)

» 빗자루
- 깨끗이 청소하라는 것

» 빙판
- 저주로 인해 얼어붙은 환경

» 빚쟁이더라
- 예수님의 빚(롬8:12), 사랑과 생명으로 갚는다.
- 조상들의 우상 숭배한 빚, 금식으로 갚으며 성경의 행위로 돌아간다.(출20:5)

» 빚을 갚더라
- 위의 방법으로 살았더니 갚아졌더라.

» 빛
- 무서운 빛인데 빨려들어간다 : 불같은 무서운 시험이 온다, 벧후

3:6, 12, 13
- 빛이 너무 환해서 눈을 뜰 수 없다: 눈이 어두워져 하늘 나라를 볼 수 없다는 것
- 빛이 한줄기만 비친다: 어두운 삶에 문제 해결의 빛줄기가 보인다.

» 빨간색 옷이나 차
- 생수의 근원자(렘2:13)
- 사명, 생명, 하나님의 색깔(렘2:13)

» 빨래 (말3:2)
- 행위를 고치는 것
- 세탁기로,
- 주의 종. 나의 행위도 잘 고치고 남의 행위도 고치는데 도움을 주는 능력이 있는 종을 말한다.
- 최신형 세탁기가 비치되어 있다면 그런 능력이 있는 목회자가 있는 교회나 기도원을 말한다.
- 사람을 깨끗케 하는 은사이다
- 손으로, 느리나 정교하다

» 빵 (빵의 종류)
- 속이 빈 소보로빵, 네가 하려고 하는 일이 속이 비었다 하지 마
- 아주 맛있고 좋은 각종 종류, 오케이 사인(sign)

ㅅ

» 사각형 (마6장)

- 성도로서 해야 할 4가지 의무를 구제, 기도, 금식, 헌금 잘하라, 하였다.

» 사격을 해서 번호표 17을 맞추다

- 온전한 회개를 이루었다.

» 사고난 채로 가만히 있었다

- 알고도 모른척 하고 있다, 서로 화해하고 용서하라는 것
- 싸우기 싫어서 못하고 있다, 전쟁은 이기려고 하는 것 싸움을 두려워하는 자는 겁쟁이 싸워서 이기자(수1:5-6)

» 사과

- 계절이나 소원이 시기

» 사닥다리 (창28:12)

- 저 높은 하늘에 계신 하나님과 대화의 방법(행2:17)
- 3층의 높은 곳까지 우리 모두는 갈 수 있다.
- 하늘의 연결선(꿈·환상, 창28:12)

» 사람

- 어떤 사람이 나왔다면 안 좋은 것은 보고 나를 고친다. 나에게

훈계하고 있기 때문이다.

» 사람을 강제로 덮치려 한다, 덮쳤다

- 귀신에게 졌다, 잠시 후 문제가 생긴다, 속히 금식하면 괜찮아진다.
- 사단 세 개 정도가 어느 방향으로 움직이더라: 그쪽 기도원이나 교회에 그 숫자의 종들을 움직일 것을 계시, 문제가 생길 것으로 봐도 됨

» 사람이 목을 조른다

- 어떤 사람이 나를 죽이려한다 잘못된 행동을 해서 어떤 사람이 엄청 미워하고 있다. 하나님도 그런 사람을 미워하기 때문에 꿈에 귀신을 보낸 것이다. 얼른 가서 미안하다고 사과해야 한다. 마5:21-

» 사람이 순해진 모습

- 날카로운 성격이 금식과 깨달음으로 나갔다 내보냈다로 볼 수 있다.

» 사람이 죽어간다

- 육신의 생각이 죽어간다.(요12:24)

» 사람의 시체 (요12:24,25)

- 육이 죽은 모습, 자기가 생명같이 생각하는 것, 잘못 길들여진 성경이 아닌 사단의 인격을 예수님을 위하여 버렸으나 아직은 그의 인격은 완전해지지 않은 상태, 아주 묻어서 무덤을 만들어 버려야 완성이다.
- 육신의 생각은 사단(마16:23)

» 사람의 이름

- 그 사람이거나 이름의 뜻으로 푼다. 그 사람의 특성으로도 해석할 수 있다.

» 사랑하다

- 예수님과 한 영이 되다, 귀신과 하나가 되다(오빠 아버지 형제들 나쁜 사람 아주 친한 사람)
- 나쁜 사람과 하나가 되었다면 아직도 그들이 시키는 악한 행위를 하고 있다는 뜻이다.

» 사슴이 로봇처럼 구부리더라

- 영광을 위하여 자신을 제약하여 성경에 위배된 자신을 성경 안으로 구겨 넣는 모습(고전9:27)

» 사자

- 큰 사람, 지도자

» 사전을 받았다, 본다

- 영계를 잘 이해하고 꿈과 환상을 잘 해석하는 은사를 받았다는 것이다.(창41:11)

» 사진을 찍다

- 내 인생의 연속극 진행. 중요한 시점들을 촬영
- 소원하는 것이 이루어지는 마무리하다. 졸업하다.

» 사마귀(사탄, 마귀, 귀신)

- 사탄, 공중권세 잡은 자,(엡2:2), 나라나 가정이나 교회에서 만든 법을 어겼을 때 크게 움직이는 영이다.

- 마귀, 말같이 뛰어다니며 행동하는 귀신(요13:2), 예수님을 팔려는 생각을 마음에만 넣는 것이 아니라 생각이 먼저 들어왔다. 그리고 마음으로 내려와 행동하게 한다.
  이것들도 삼위일체로 일한다. 공중에서 명령, 생각으로 마음으로 내려오면 실제로 일하는 것은 귀신들이다.
- 귀신, 마귀가 생각을 넣으면 몸으로 들어가서 나쁜 행동을 조작하는 귀신 병이나 나쁜 행동의 주역(마10:1)
  .경찰, 깡패, 나쁜 사람, 까만 사람, 중, 이단 종들로 나타난다.

» 사탄을 그냥 놔두고 되겠느냐(음성) (엡2:2)

- 법을 탄탄히 만들어라
- 법이 제대로 만들어지지 않았을 때 일어나는 분쟁들
- 질서(법)를 바르게 잡으면 없어진다.

» 사회 선생님

- 세상을 대처하는 법을 가르쳐 주는 선생님

» 산

- 큰 산, 하나님 아버지, 큰 사람
- 태산 같은 문제, 인생의 천 역정이기도 하다. (슥4:7)

» 산꼭대기

- 비좁다, 좁은 길이다. 항상 꼭대기는 좁다. 회당도(겔43:12) 산도……
- 난간이 없다, 사람을 받아드리지 못한다. 유덕하게 생각하면 된다. 모두 그럴 수 있다고 생각하면 된다.(잠11:16)

» 산소통과 산소 불(능력척도) (막9:29)

- 이런 유(능력)

  첫째, 나를 세속에 물들지 않게 거룩하게 지키는 것, 약1:24

  둘째, 너를 받아주는 것, 마5:11,12

  셋째, 예수의 이름으로 나가라. 막5:8

» 산을 넘다

- 큰 문제가 해결된다.

» 살인

- 미워하고 있다. 마21,32 십자가로 돌아가서 용서해야 한다.

» 살인마가 쫓아다니며 사람을 어렵게 한다

- 귀신들린 사람들을 도울 때 그들의 귀신들이 사람을 어렵게 한다.
- 영권이 높은 사람은 낮은 사람의 기도를 받거나 해서도 안 된다. 그 윗사람의 귀신은 아랫사람이 감당치 못해 삶의 어려움을 주게 된다. • 미워하는 사람이 네 집에 들어왔다.

» 삼두리(지명)

- 명철하게(잠28:11) 나를 봐서 두: 머리를 내려놓으면 큰 마을로 간다.

» 삼각형

- 명철하다(잠1:2, 28:11), 자신을 아는 것

  » (나를 명철하게 보는 법)

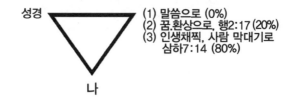

성경

(1) 말씀으로 (0%)
(2) 꿈.환상으로, 행2:17 (20%)
(3) 인생채찍, 사람 막대기로
    삼하7:14 (80%)

나

- 나를 보는 지식을 가지고 고치면 온전한 복을 받게 된다. 우리는 상대만 보게 되어 있다.

- 예수님 무덤에 계신 때 우리에겐 육을 죽이는 고난과 환란의 때 광야의 때, 삼십 일이나 삼 년쯤, 안 죽으면 30년도 될 수 있다.

- 세 가지 문제를 온전히 받쳐줄게

人

- 부요와 함께 가는 삶을 준비하느라고 (계5:12)
- 부자: 아버지 부, 자식자, 그래서 예수를 믿는 사람은 모두 부자이다, 하늘 통장을 가진 자(벧전2:9)

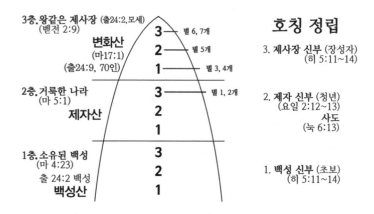

- 어디쯤에 있느냐에 따라서 자신의 상태 분별 백성산, 제자산,

제사장산?

- 봄에 있는 상큼한 것, 소원의 시기

- 땅의 복(천복)이 주어진다는 것, 세무서에 세금을 낼 수 있는 사람이되었다.
  세금 안 내고 떼어먹는 것은 아주 나쁜 것이고, 못 내면 가난한 것이고, 내는 것은 아주 부요하고 좋은 것이다.

- 부리가 유독 큰 새는 말이 무서운 사람.
- 공작새는 화려한 것을 좋아하는 사람.
- 앵무새는 사람 말을 잘 따라하는 새이므로 말만 너무 잘하고 행동이 따르지 않는 모습이다.(마23:3)

- 깨끗한 물(거룩한 성령의 깊이 있는 사람 또는 성령 충만한 사람, 잠18:4)
- 샘이 물도 없고 개구리나 이무기 같은 것이 있다면 늙은 종(겔9:6), 선지자(왕상13:11-29) 성령 없이 자신의 생각대로 모든 것을 처리하고 가르치는 사람
- 금식하여 회개하고 물과 성령으로 거듭나야 한다.(요3:5)

- 소망을 잃어버린 부끄러운 모습. 회개하고 새로운 소망을 가져라. 소원을 잉태(잠13:12)

» 생리가 안 나오는데 생리대를 차고 있다

- 죄에 대하여 지나치게 민감하다.

» 생리대 쓴 것이 걸렸고 집안이 지저분

- 금식하지 않은 마음 성전 모습(고전3:16), 금식은 목욕하는 것 집(나)을 깨끗이 청소하는 것, 영혼을 깨끗이 씻는 것(사58;6)

» 생선

- 사람, 성도, 먹을 것. 돈, 물질(눅5:4, 요21:6)

» 생선 두 박스가 안 왔더라

- 두 교회의 종이 안 왔다.

» 생선의 내장을 긁어내다

- 회개를 통해 먹지 못할 것을 빼내고 먹을 수 있게 한다. 예레미야 선지자는 하나님은 죄악 된 이스라엘 백성을 향한 마음을 창자가 들끓는다고 표현하셨다. 그 마음은 금식을 통해 낱낱이 회개를 한다면 하나님은 우리를 기뻐하시고 선으로 보응하신다.(렘31:20)

» 생선(물고기)

- 성도, 사람을 낚는 어부가 되리라.(막 1:17. 마4:19)
- 주의 종, 크고 작은 사이즈 별로 분별

» 생선(물고기) 잡아줬다

- 전도했다.

» 생일

人

- 좋은 일이 있다, 있을 것이다.

» 생쥐가 친구더라
- 입에 달고 있는 고쳐지지 않은 말이 있다.(계16:13,14)
- 좋은 말도 나쁜 말도 그대로 이루어진다.(사57:19)
- 나쁜 말을 고치고 좋은 말을 쓰면 내 인생은 변한다.(잠25:11)
- 죽겠다, 미치겠다, 지랄한다, 염병한다 등 욕을 없애야 한다.(합2:16)

» 생화
- 향기 나는 삶, 성령님이 살아계시다.
- 물과 성령으로 거듭난 사람(요3:5), 충성된 사람(마24:45)

» 샤워하다
- 회개하고 용서하다. 하나님이 기뻐하는 금식(사58:6)

» 샤워기가 제멋대로 움직인다
- 회개하고 용서하는 것이 자유롭다.

» 서류를 계속 뒤진다
- 남의 허물을 계속 캔다, 회개해야 한다 캐지 말고 보이는 것도 용서하고 기도 후에 훈계해 줘라
- 예수님은 자신을 죽인 자도 용서하셨고(눅23:34)
- 스데반 집사도 그리했다(행7:60)

» 서랍장 삼단
- 나를 보는 명철(잠28:2,11) P 220

» 선두리

- 앞서가는 마을(큰사람)

» 선생님 (고전12:29)

- 가르치는 사람, 목사, 주의 종, 선생님

» 선풍기

- 시원하게 일이 해결된다. 사람을 돕는 척도

» 섬

- 큰 사람. 교회, 또는 어려움에 갇힌다.

» 성가대 또는 까운 입은 사람들

- 거룩한 사람들, 금식으로 씻겨진 사람들(사58:6)

» 성경책

- 낡았다, 나의 사고가 낡았다.
- 멋있다, 너의 행위가 멋있다, 성경의 반석집으로(마7:24)

» 성행위 (어떤 일을 진행하려고 할 때)

- 부부가 성행위를 한다면, 그 일을 그 사람과 진행하라
- 아버지나 오빠나 동생이나 누나나 형제 친한 사람과, 성행위를 하면 불법 그 일이나 그 사람하고 하고자 하는 일은 하지 말라는 것이다.

» 성경을 버리더라

- 성경을 버리고 무법으로 간다.
  .옛것을 버리고 새로운 성경을 갖게 될 것이다.

» 성경이 열려 있다

- 알아듣지 못하던 말씀을 알아들을 수 있다. 성경이 열리는 어느 날 우리의 행위의 심판이 일어난다.(출20:1-, 십계명 율법에 준하여)
- 공의와 정의를 지킨 자는 상급으로, 그와 반대된 사람들은 삶의 고통으로 나타난다.(암5:24)
  우리 민족은 지금 벌을 받고 있다. 성경을 버리고 자신들의 마음대로 했던 죄 값이다. 기도하고 금식하여 니느웨로 가야한다. 욘3:1-

» 성당

- 저주 아래 있는 교회, 예수님을 부인하는 교회, 조상들의 우상 숭배한 죄의 저주를 끊지 못하여 삶과 인격이 아름답지 못한 교회
- 예수님의 동상이나 마리아상을 세워놓고 거기서 기도하고 제사를 지내는 것은(고전10:20) 절에서 하는 것하고 똑같고, 예수를 믿지 않는 사람들이 하는 것하고 똑같이 하기 때문에 이렇게 말씀하심

» 설거지하다

- 나의 어려운 환경을 위해서 금식하며 나의 가정의 문제를 해결해 나간다.(사58:12)

» 성형 수술을 하다

- 자신을 예쁘게 고치느라고 억지로 애를 쓴다.

» 세 개의 맑은 연못

- 세 가지의 사역을 할 것이다.

» 세일하는 가게

- 싼 사람 고급이지 않은 사람들
- 하나님이 기뻐하는 금식으로 급속히 해결하여 돈과 시간을 아끼라는 것(사58:8)

» 세탁기

- 행위를 빠는 기구(계3:18)
- 물과 그곳의 옷의 상태에 따라 시기적인 것과 훈련의 과정을 분별
- 골드세탁기, 아주 행위를 잘 고쳐 주는 어떤 사람의 집에 있다.(벧엘)

» 소

- 주의 종, 일꾼(고전9:9)

» 소금

- 변치 않는 약속, 언약(민18:19)

» 소나무

- 늘 푸른 사람, (긍정의 사람), 계22:2
- 성령님을 모시고 행복하게 사는 성령 충만한 사람
- 곧은 사람, 말씀대로 살고자 자신을 버린 사람(요12:24)

» 소라

- 세상의 유혹하는 소리
- 바다(세상)에서 베풀어주신 아버지의 은혜에 감사의 나팔을 불게 될 것이다.(사58:1)

» 소변

- 마렵다 : 회개하라
- 누었다 : 회개가 되었다.

- 트럭, 구원이 확실하지 않은 자(이단이나 나의 부족을 말씀하실 때) 버스나 기차, 온전한 구원의 성도들이 타는 차
- 온전한 구원을 위해 위로 하나님 사랑, 아래로 이웃사랑을 훈련해야 한다.(마22:37-)
- 모세는(출17:5, 반석을 친 사건, 민201-, 반석에게 명령하라는 사건과 백성들을 저주하고 화낸 사건) 자신의 행위를 못 고치고 화내고 주께서 원하시는 것을 못 따라 해서 천국은 들어갔으나(마17:1-) 가나안은 못 갔다.(육의 천국)
  그래서 우리는 따라도 해서 물이 포도주가 되는 역사도 봐야 하고(요2:10) 나의 인격을 고쳐서 왕같은 제사장 나라로(계5:10) 가야 한다.
- 나사로는 부자를 구원시키지 못하고 천국에 가서 아브라함 품에 안겼다. 우리는 부자고 가난한 사람이고 모두 구원해서 예수님의 품에 안기길 축복한다.

» 소주를 마시다

- 세상 술에 취해 있다. 잠20:1

» 손에 굳은 살을 제거하다

- 옛날에 했던 일의 방법을 버리려 하더라.

» 손 없다

- 일 못한다는 것

» 손발이 하늘을 향해 들고 있음

- 완전히 복종했다는 것, 약4:7

» 손목시계

- 일하는 것에 따라 시간이 단축되기도 하고 길게 가기도 한다는 것

» 손톱

- 상태에 따라서 건강과 영적 상태, 일을 어떻게 할 것이냐의 결정

» 손과 발에 못자국

- 일하는 손과 다니는 발을 예수님을 위해서 내 맘대로 안하는 사람

» 쇠 수세미

- 닦는 도구이다. 다른 사람이나 나의 행위를 닦을 때 잘 닦여지기는 하지만 강하다 보니 상처를 입힐 수 있다.
- 물에 불려서 부드러운 수세미로 닦아도 되는데 서둘러서 나와 다른 사람을 고치려는 강하고 급한 성격을 보여주신 것이다.(잠21:5)
- 유덕하고 오래 참으라는 것(잠11:16)
- 찌든 때는 쇠수세미를 사용해야 한다. 금식이 바로 그것이다.

» 쇠고기를 먹더라

- 주의 종인 나를 고쳐서 생긴 좋은 것(고전9:9)

» 쇠사슬에 매이다

- 저주에 매인 상태, 삶이 안 된다는 것

» 소파

- 평안한 삶, 소파의 크기는 다른 사람을 포용할 수 있는 마음의 사이즈

» 수갑이 채워지다

- 저주로(행위)인하여 일마다 잘 풀리지 않는다.
  모든 일에 웃으면(희락) 수갑이 풀린다 오만(시1:1)가지 인상을
  쓰는 것은 (사28:22) 결박이 단단해진다. 삶이 안 된다는 것이다.

» 수도

- 물질의 통로, 성령의 통로

» 수돗물이 시원하게 나온다

- 물질의 축복
- 막혔다, 성령의 충만이 떨어지면서 돈이 막힌다는 것

» 수련장

- 수련하는 장소, 벧엘의 주의 종 훈련장

» 수련회

- 벧엘에서 한 달에 한 번씩 금식하는 것

» 수업 공개

- 설교(계1:2)

» 수업 준비

- 훈련 준비

» 수영장

- 영의 사람들이 모여 금식하며 훈련하는 장소 벧엘 기도원
- 물의 맑기 크기, 기도원 교회 영적 상태 분별
- 더러우면 그곳에 머물면 나도 더러워진다.

» 수영을 한다

- 성령 안에서 자유함 (고후3:17)

» 수원가자

- 생수의 근원이신 하나님 아버지 계신 곳으로 가자(렘2:13)
- 금식하러 오시는 성도들에게 말씀하실 때

» 수첩

- 메모를 하라는 것, 옛날 것이 적혀 있는 것

» 수학 선생님

- 돈 쓰는 법을 가르쳐 주는 선생님

» 수학여행

- 새로운 돈쓰는 법을 배우는 여행, 돈 주시면서 가르치신다.

» 순대 (행15:29)

- 피가 들어있는 음식은 먹지 않으면 잘되고 평안한 삶을 살게 된다. 그 외에도 선지국, 개고기, 제사 음식도 먹지 말고 함께 복 받자!!!

» 술 취하다

- 세상적이다.(엡5:18 잠20:1)

» 숨이 막히고 답답한 고통을 느끼는 것

- 그러한 날들이 나에게 있을 것을 예고
- 삶 분별, 회개, 속히 돌이켜야 한다.

» 스카프, 목도리를 받았거나 하였다

- 스카프와 목도리를 하면 보온 효과도 있고 얼굴을 더 아름답게 꾸며 주는 패션 소품이다.
- 삶의 열매를 주셔서 사람들 앞에서 자랑하게 하겠다는 약속이다.(빌1:11)

» 스케이팅
- 저주를 안고 그런대로 살아가는 삶. 금식으로 그 빙판을 녹여 따뜻한 삶을 누리자!!!

» 시계 (마24:36)
- 약속, 시기와 때를 알려주는 도구

» 시금치
- 힘을 세게 하는 음식(금식이 그와 같다는 것)

» 시장
- 제사장(계1:6)
- 예수님의 신부가 된 제사장은 육신적으로 한 시를 다스리는 시장의 권세를 이 땅에서 가지게 된다는 의미(계5:10).

» 시험을 보다
- 어려움에 처했다. 고난을 당하다 (히2:18, 고전10:10:13) 그러나 꿈과 환상으로 보여주신 것에 순종하면 그 시험은 무사통과 된다.

» 시험 준비, 또는 시험친다
- 시험이 온다 대비, 나를 살펴 금식하고 기도한다.(고전10:13)

» 시험지

- 시험의 상대편, 최고의 시험지, 남편이나 아내, 나에게 보낸 힘들고 어려운 사람들

» 시체

- 육이 죽은 모습, 장사를 지내야 한다, 그래야 내가 바뀐다.

» 식당 메뉴

- 교회나 기도원의 프로그램

» 식은 밥

- 이루어지지 않은 말씀

» 신녀

- 하나님이 이쁠 때 부르는 신부 전의 호칭

» 신랑이 어리다

- 나의 상태가 결혼할 때가 아니라는 것, 내가 어리다는 것, 소원을(구원, 열매) 이루려면 성장된 믿음을 가져야 한다는 것,(빌2:12) 성장된 자에게(행2:17) 요단강을 주시고 가나안에 들어가게 하신다.

» 신문

- 구 신문, 옛날에 내가 한 일을(선행과 악행 모두) 기억하신다는 것,
- 아버지께서 신문을 보신다 : 세상 돌아가는 것을 보고 한탄하시거나,
- 나에게 세상 정보를 알리고 싶으신 것이다.
- 신문이 젖었다 : 삶이 젖었다, 슬프다, 안 좋다는 것을 알리고

싶으신 것이다.

» 신발 (엡6:15)

- 장화, 일하라
- 군화, 훈련의 때다
- 뾰족구두, 너무 뾰족하면 성격이 뾰족 다듬어야겠지요.
- 실래화, 편안한 나의 삶과 할 일 지시
- 신발을 잃어버렸으면, 평안을 잃은 것이고 신발이 멋지면 성령 안에서 온전한 평안을 누리고 있는 것이다.(엡6:15)
- 일의 마무리를 의미한다, 옷, 가방, 모자를 다 갖추고 마지막에 신발을 신고 외출하는 것처럼 약속하신 소망을 성취하기 위한 마무리가 되었으니 신발을 찾으라는 것, 평안을 주세요 하고 순종하면 된다.
- 신발을 갖추지 못했거나 멋진 신발이 아닌 경우, 부족한 부분이니 채워달라고 의뢰하면 됩니다.(까만 정장 신발, 주의 종)
  신발이 많다, 예배당 입구에 신발이 많다는 것은 부흥을 말한다.
- 하나님과의 평안 사람과의 평안이 나의 삶의 평안
- 신발을 고치는 가게, 평안이 없는 삶에 평안으로 이끄는 말씀, 교회 벧엘 기도원(엡10:15)

» 신용 카드

- 신용이 있다, 약속을 잘 지키는 사람
- 현금이 없이 빚을 지고 있다, 하나님 앞에 빚을 벗지 못하고 있다.

» 빚

- 예수님의(롬8:12,13) : 사랑과 생명으로 갚고(마22:37-)
- 조상들의 우상 숭배의 저주의 빚(출20:5) : 금식으로 성경의

행위로 옛것을 버리면 깎아진다.(출3;5, 수5:15)

» 실종되다 :

- 말씀대로 살지 못하고 있는 주의 백성들을 향하여 탄식

» 쌀떡으로 한 말 빼줄게

- 한 가지의 입의 말을 버리고 말씀으로 돌아가라, 부정의 말 한마디가 자신의 삶을 아름답게 만들지 못해요

» 십자가

- 불이 켜져 있다, 너의 믿음에 불이 켜져 있다.
- 꺼져 있다, 기도하고 금식하라
- 예수님께서 달려 계신다. 나의 행위가 예수님을 못 내려오게 하고 있다 성경으로 돌아가라
- 빨간색이다, 고난의 십자가
- 하얀색, 영광의 십자가
  우리는 모두 십자가를 알아야 한다. 죽으면 부활하는 예수님처럼 육을 죽이면 삶이 부활한다.

» 쌍둥이 두 죄수

- 귀신의 색깔이 같은 두 사람
  - 예) 술 먹는 두 사람

» 선글라스

- 부정으로 상대를 보는 것, 자신의 입장으로만 생각하는 것
- 먼저 보이신 대로 사람을 보고 다음은 사귀면서 그 사람의 인격을 본다 정의와 공의(사56:1), 십자가의 사랑으로 사람을 사랑하는 것은 의리를 지키는 것이다.

사람은 잘못하면 기도해 주고 고쳐주고 멋지게 세우며 사랑해 준다.
씨름을 하는데 지려 하더라 :

- 삶에서 사단에게 지고 있다. 이기려면 말씀을 읽고 기도하고
  금식해야한다. 야곱처럼, 창32:24-

» 씨앗

- 생명 말씀 (마13장)

» 씻기다, 씻는다, 씻어라

- 금식으로 회개하고 용서하라는 것

» 쓰나미가 몰려 온다

- 엄청난 삶에 풍파 예고, 급히 금식해야 한다.

» 아기가 태어나기 전 배가 남산만 하더라

- 소원이 곧 이루어진다. 힘내라, 위로
- 아기를 낳으면 소망이 이루어졌다.(잠13:12)

» 아기가 태어났는데 용을 낳았더라

- 큰 소원을 이루었다.
- 그 용을 타고 날더라, 그 소원을 이루는 것 때문에 크게 된다는 것이다.
- 용, 세상에서 용이 보이면 큰 사람 난다고 한다.
  - 성경은 용이 사탄의 왕이나 세상의 적으로 때로는 해석한다.
  - 그 용이 날더라, 큰 소원을 이루었다, 훈련을 무섭게 받더니 큰 사람이 되었다.

» 아나운서

- 설교자

» 아내(신부)

- 실제 아내, 예수님의 아내. (계1:6, 5:10, 21:2)제사장이 신부이다
- 남의 아내, 사단, 마귀, 귀신,

» 아버지

- 여호와 하나님(출3:14, 계획하신 분)

- 나를 낳아준 아버지, 아주 안 좋게 나타나신다. 내 행동이 아주 안 좋다는 것, 멋지게 나타나신다. 날더러 잘하고 있다고 칭찬하시는 하나님 아버지
- 담임 목사님

» 아버지가, 예수님이 멋지시다

- 내가 성경의 아름다운 행위로 그 분을 멋지게 해드렸다.(빌1:20)

» 아이

- 시끄럽다 : 소망이 나를 시끄럽게 한다. 순종하기 싫은데 나의 소망이 순종하기를 촉구할 때
- 기형아, 하나님을 믿는 방법이 옳지 못하다.

» 아침 식사

- 성령 충만 비결
  1. 아침, 말씀을 가지고 기도한다.(마6:5-15)
  2. 점심, 하나님 기뻐하는 금식
  3. 저녁, 인사, 인정(롬10:10), 꿈 · 환상을 신경 써라 (참고. P 44)

» 아프리카

- 저주 아래 있는 나라

» 악당(안 좋은 사람)

- 사마귀 : 나의 잘못된 행위가 있을 때 보내는 귀신(참고.하나님의 치리법, P 32)
- 하나님이 부리는 악한 영으로서(삼상16:14-16, 16:23, 18:10, 19:9)우리의 삶에 나쁜 일을 만들어 내어 회개를 촉구케 한다.
- 금식하고 회개 : 용서하여 하나님 기쁘신 금식하여 흉악의

결박자(사마귀) 풀어내면(사58:3-6) 원상 복구된다.

- 부모나 자녀의 구원 문제는 금식하면 자동으로 전도된다. 교회 못가게 하는 게 귀신이니까 풀어내면 ok

» 악보

- 악보를 잘 그리는 것은 예수님의 뜻을 잘 따라하면 삶을 노래하게 될 것이다.(빌1:11)

» 악보가 달라졌다. 새로운 악보를 가져오더라

- 새로운 일이나 사람이 온다.

» 악세사리(장신구)

- 은사 사역

» 안경

- 영적인 눈을 의미한다. 새롭고 멋진 안경을 받았다면 새로운 영계를 보게 되었다는 의미이다.(계3:18)

» 안전벨트

- 성령의 매는 줄(아버지 방법대로 하는 것 ,엡6:14)

» 안 믿는 자 대접

- 어두운 데서 불러내어 나를 기이한 빛에 들어가게 하신 덕을 선포하는 것(벧전2:9), 나의 삶은 간증하여 전도하는 것, 진리의 전도자

» 알곡 추수

- 성령으로 하나 된 사람에게 주는 열매(마3:12)

- 평상시에는 가만히 있으나 건드리면 일어나서 가만히 안 있는 사람
- 우리의 고쳐지지 않는 인격 40일(날마다 죽는 것) 금식하여 날마다 죽어야 한다(고전9:27)

» 앞뒤가 분간이 안 된다

- 책망, 정신을 차리라는 것 (딤후4:2)

» 앞치마를 예쁘게 입었더라

- 어려운 자들을 감싸준 치마
- 그 일이 앞서가서 복을 받는다.(마25:31-)

» 알몸(벗은 몸) (막14:52, 욥24:7, 사20:4)

- 가진 것이 없다, 수치를 드러내다(겔16:37~41)
- 악에 대한 보응으로 더러움이 다시 깨끗해질 때 까지 벗은 몸은 지속된다.(겔24:13) 금식을 통한 회개와 용서로 그 더러움을 씻어내면 하나님의 분노는 없어지고 순차적으로 부끄러움을 가려주시는 은혜를 주신다.(겔16:6~14)

» 앵벌이 시킨다

- 애들의 학비를 보조해 달라고 사람들에게 말했더니 하신 말씀, 그러지 않게 해달라고 했더니 지금은 다른 방향으로 교육시키시고 돈도 주신다.

» 야자수

- 실제로 암수가 함께 있는 나무로 남녀의 일을 모두 할 수 있는

능력 있는 사람

» 약

- 구약· 신약의 말씀,
- 금식 약(기적의 금식약)
- 성령 충만 약(기적의 성령 충만을 다른 이름으로 바꾼 것)

» 약국

- 교회, 병원은 기도원이라고 한다.

» 양말

- 평안해지기 위한 기초 단계.
- 보통 양말을 신은 후에 신발을 신으므로 양말이나 스타킹을 신었다는 것은 평안을 위한 기본이 갖추어졌다는 것이다. 사람을 치지 않고 평안하게 하는 입을 말함
- 신지 않았다. 평안의 복음의 말씀이 없다.(엡10:15), 삶에 평안이 없다. 상대를 받을 수 없다· 십자가의 사랑 부족, 훈련 필요
- 양말을 잘 신고 있다. 평안의 말씀을 깨달았다. 아버지 앞에 순종하는 자(삼상15:22) 입의 말이 유덕해졌다.(잠11:16)

» 양치질하다

- 말을 고치다 (잠25:11, 골3:8, 골4:6, 요일4:5) 더러운 욕이 네 영광을 가리리라고 하였다.(합2:16)
- 그렇다면 영광된 삶을 위해서 우리는 기본적인 욕부터 하지 말아야 한다.
- 욕 외에도 부정적인 말, 거짓말, 비방, 모함, 이간질, 세상적인 농담 등 우리는 끊임없이 성경적이지 못한 악한 입술의 말을

고쳐야 한다.

» 양품점
- 교회, 행위를 고치는 곳(계3;17,18)

» 어느 지점에 도착
- 아버지께서 원하시는 어느 정도가 준비되었다.

» 어두컴컴하다
- 그곳은 가지 말라

» 어려움에 애들을 팔아먹었다
- 아버지여 어려움을 면하게 해 주소서 기도하라는 것

» 어머니 (창27:13, 갈4:31)
- 성령 어머니(창27:13, 요14:18, 갈4:26)
- 낳아준 육신의 어머니
- 영부인 및 지도자(고전4:15, 딤전1:2)
- 담임 목사 사모님

» 어머니가 이쁘다
- 성령님이 이쁘시다. 내가 이쁘다.

» 어항
- 교회
- 그 속에 들어있는 물고기는 성도

» 언니

- 예수님. 영적으로 예수님의 신부가 되기 전에 사람들에게는 예수님이 오빠, 언니로 표현 된다.(마12:50)
- 나보다 단계 높은 어떤 사람, 실제 언니,
- 언니처럼 친한 사마귀 (겔16:46~52)

» 얼굴이 핼쓱해졌다

- 육의 생각이 많이 죽었다.
- 하나님과 씨름 중이다, 문제 해결 위하여(창32:28)

» 얼음이 깨져서 물이 터지더라

- 얼음처럼 얼었던 마음이 녹았더라,

» 엄마 술 취해서 나가고 2년 동안 아이를 키우더라

- 육: 가정에 엄마가 세상에 취해서 정신 못차리고 식구들을 내가 2년 동안 돌보더라.
- 영: 성령 어머니가(창27:13, 갈4:26) 나에게서 나가시게 내가 세상 술에 취했고(잠20:1) 성령님이 없이 내가 삶을 살았더라,(고전3:17),
  심판과 소멸의 기간(사4:4)

» 엄지손가락

- 최고라는 뜻, 최고는 예수님, 이 손가락은 되도록 예수님만 쓴다.
- 사람에게 최고최고하니까 예수님께서 싫어하시는지 그 사람이 어려움을 당하더라.

» 에스컬레이터로 올라가다

- 계단보다는 빨리 높은 단계로 올라가다.

- 영적 단계를 빠르고 편하게 오르락내리락할 수 있는 도구로 목사는 어린 영혼부터 성장한 영혼까지 자유롭게 움직일 수 있어야 한다.

- 나라와 나라를 오갈 수 있는 신분증이듯이 영적으로도 영의 나라를 출입할 수 있는 통행증이 있어야 한다. 영의 나라라면 성령의 나라와 사단의 나라 두 나라를 말한다. 여권이 없다면 불법을 행하여 경찰과 같은 사단에게 붙잡히게 된다.
- 세부적으로 그 두 나라 안에도 단계별로 올라갈 수 있는 허가가 있어야 한다.
  할 일과 안 할 일을 알아야 한다는 것
- 꿈 · 환상 응답 ok

- 그리스도의 편지인 내 얼굴이(고후3:2,3) 남 보기에 안 좋은 일 생겼다. 남들이 봤다. 알았다.

- 나의 바르지 못한 행위 때문에 괴롭히고 있는 귀신
- 음부가 보인다. 그 사람의 깊은 치부를 본다. 또는 그 사람을 깊이 알게 될 것이며 관심을 갖게 될 것이다. 엄청난 부끄러움을 당한다.

- 여성적인 기질을 가진 부드러운 남자이다. 훈련하면 남성성을

가질 수 있다.

- 예수님과 더 깊이 교제하다.
- 귀신과 교제하다(겔23:9그러므로 내가 그를 그의 정든 자 곧 그가 연애하는 앗수르 사람의 손에 넘겼더니 상대를 좀 더 깊이 알게 되는 계기가 생긴다.

- 삶. 생활, 인생은 연극이다.

- 자욱하여 앞이 안 보인다. 앞뒤를 볼 수 없는 아득한 삶이다. (행2:19) 온다.

- 연한 순 같은 하나님 경외하는 사람, 유순하라 (잠11:16)

- 성령의 충만으로 꽃이 피었다.
- 성령의 은혜 아래 유덕한 꽃을 피웠다.(잠11:16),
- 영혼이 성령의 은혜 아래서 꽃이 피었으니 좋은 일이 있겠네요. 꽃 피우면 복을 받는다, 다음은 열매이기 때문, 시기 분별

- 성령 충만이 떨어져가고 있다. 금식

- 연계의 높이와 넓이, 깊이 측정 분별, (엡3:19)
- 그곳에서 수영한다: 성령의 은혜 아래 자유하다.

» 연못물이 시커멍더라
- 그 사람의 영성이 물과 성령으로 거듭나지 못하고(요3:1-5) 말로만 성령 이야기 하는 사람과 교회의 모양

» 연못을 물이 위에는 깨끗한데 속은 가라앉은 더러운 것이 있다
- 잘하는 것처럼 보이나 제거하지 않으면 언젠가는 어려움이 온다. 말하지 않고 속으로 꽁한 사람

» 연예인
- 주의 종, 스타(계1:20, 계12:4, 단12:3)

» 연탄재가 가득한 하수구를 퍼냈다
- 연결되지 못한 사람과 연결 통로를 열었다.
- 꽉 막혔던 삶이 열린다.

» 연필
- 영을 배우기 시작했다는 단계를 알려주시는 것이다. 초등학교 때는 연필로 공부를 하는 것과 같다.
- 아직 희미한 일, 막 시작된 일

» 열매가 숨어져 있다
- 열매가 맺혀 있으나 아직 삶으로 보이는 것은 없다.
- 곧 보인다. 믿음으로 간다.

» 엽서, 편지

- 그리스도의 편지인 우리에게 내용에 따라 하고 싶은 말씀이 다르다.

- 영적 단계가 내려가는 것(고후3:2,3), 이것은 내가 받은 은사를 잘못 사용하고 있는 것을 책망

- 낼 것, 하늘이 빚이 안 갚아졌다. 핏값의 고난(롬8:17), 형제를 못 받아준다는 것
- 낸 것, 하늘의 빚을 갚았다. 예수님의 사랑으로 형제의 잘못을 용서하고 받아줬다.

- 영의 언어. 보통 영어를 포함한 외국어를 배우는 것은 영이신 하나님과 교제하기 시작했다는 것이다.(요4:24 하나님은 영이시니 예배하는 자가 영과 진리로 예배할지니라)

- 영적인 것을 배우러 간다.

- 영계를 가르쳐 주는 선생님

- 영계를 보는 것

- 빨간색, 생명을 내놓은 자에게 주시는 선물
- 노란색, 예수님을 사랑해서 얻은 열매

» 열쇠 (마16:19)

- 열쇠는 나, 자물통은 성경이다.
- 열쇠를 많이 받으면 받을수록 성경하고 맞추어야하는 것들이 많다.
  - 성경하고 맞추어지면 복을 받는다.
  - 달란트의 숫자로 본다(마25:20-30)

» 예수님. 삼위일체 하나님. 분별법

- 내 행위가 멋지면 멋지게, 안 좋으면 안 좋게 나오신다.
- 아무리 좋게 나와도 교만하면 안 된다. 오늘 변할 수 있는 것이 나이기 때문이다.
- 오빠 : 형제로의 예수님(마12:50) 내 형제가 되려거든 말씀대로 살아라로 받으면 회개가 이루어지고, 살고 있구나로 받으면 교만자가 될 확률이 높다.
- 아버지, 예수를 믿어 하늘 아버지가 내 아버지가 되셨다는 증거(롬1:17, 요1:12). 때로는 육신의 끈인 저주로도 볼 수 있다.
- 친구: 친구처럼 도와 줄 수 있다는 것,
- 어머니, 예수 그리스도 안에 있는 생명의 성령의 법, (롬8:1,2) 저주를 자청하시고 십자가에 달리셔서 원죄의 저주를 감당하신 분, (갈4:26, 히9:15, 창27:13, 갈3:13)
- 언니:(형제), 때론 예수님
- 사촌 오빠: 나와 그만큼 멀리 계신다는 의미
- 남편 : 가장 가까운 사이.
- 남편 아내, 금식하고 성령 충만 받아 대화를 이루어 순종하고

신부된 사람(계19:7,8), 가장 가까워서 잘도 와 주실 수 있다.

- 예수님의 신부된 자 (산순교자, 근거, 에 2:12. 몰약 6개월, 향품 6개월, 죽여서 아름답게 만드는 것이 신부이다)
- 여러 사람으로 나타나신다. 그 사람의 삶과 인격을 보고 나와 거리 조종이 필요하다. 멀고 가까움을 표현하고 계신다.
- 실제 오빠,(예수 안 믿으면) 사단, 마귀, 귀신(겔16:46~52)

» 예수님의 모습으로 보는 나

- 가시관을 쓰시고 피 흘리시는 모습, 머리에 생각이 아버지하고 맞지 않아서 피가 가슴까지 내려오다, 아버지 가슴이 너무 아프다, 삶이 안 된다.
- 손에 못 박히시다. 내 마음대로 일하고 있다.
- 발에 못 박히시다, 내 마음대로 다닌다.
- 옆구리에 창 찔리시다, 나의 행동이 다른 사람 눈에 안 좋다. 욕한다.
- 어느 집에 평안히 서 계신다, 그 사람이 평안하다는 것이다.
- 북한으로 날아가신다, 평화 통일을 이루려고 가신다.
- 달려드는 작은 짐승들, 많아지니 처리하신다, 우리를 지키고 계시는 모습

» 예수님이 홀을 내미시니 잡더라

- 왕으로서 구원 약속, 육이 죽으면 된다.(딤후2:11,12) 이것을 산순교자라 한다.

» 예배당에 불이 켜지다

- 기도와 금식으로(막9:29) 내 마음에 빛이 오다.

» 오른손으로

- 예수의 이름으로 더러운 귀신아 나가라(막5:13, 6:13) 능력자들

» 오른쪽으로 넘어지다

- 자신이 하고 싶은 쪽으로 넘어지다. 왼쪽, 나를 꺽는 것, 고전9:27

» 오징어(문어/ 낙지)

- 가증한 귀신. 질긴 귀신
- 먹물을 풀어서 내 인생을 어둡게 하는 귀신

» 오케스트라

- 하늘 나라 프로젝트

» 옥수수

- 이(치아). 말에 관한 것 (사57:19)
- 가지런하다, 말이 이쁘다
- 못생겼다, 말이 안 이쁘다

» 옷(옳은 행실)

- 우리의 죄악된 행위를 더러운 옷을 입었다고 하신다(슥3:4) (계3:18, 16:15, 19:8, 22:14)
- 빨간색 검은 정장은 주의 종이라 하시고 흰색은 거룩한 백성과 종이라하신다.
- 속옷만 입었다. 재산 상태, 자신의 사명을 감당 못하는 부끄러운 모습으로 봐도 됨

» 옷가게

행위를 고치는 곳(교회. 기도원)

- 겉옷
  - 엄마 아빠 목사 사장 등 자신의 역할의 직분(계22:14), 직분을 잘 감당해야 생명나무의 길에 나아갈 수 있는 길이 생긴다.
  - 생명나무 : (1) 예수 생명
    (2) 삶이 살아있는 즉 잘 된다는 것

» 옷 좀 말려줘

- 축축한 내 삶 좀 고쳐줘, 행위를 고치라는 것

» 옷을 디자인하다

- 아름다운 행위를 하려고 한다. 그 옷을 입었다면 인격적인 유덕한 행위를 하게 되었다는 뜻이다.

» 옷을 빨다

- "레위인이 이에 죄에서 스스로 깨끗하게 하고 그들의 옷을 빨매 아론이 그들을 여호와 앞에 요제로 드리고 그가 또 그들을 위하여 속죄하여 정결하게 한(슥13:1, 금식, 민8:21) 이처럼 옷을 빤다는 것은 더러운 행위를 회개함으로 깨끗하게 빤다는 것이다.

» 옷을 팔다

- 자신의 성경적인 아름다운 행위나 세상적인 잘된 것으로 사람들에게 영향을 끼친다. 우리의 인격적인 행위를 통해 많은 사람들을 복 받게 합시다! 이렇게 좋은 영향을 끼치는 본보기가 되면 아버지께서는 우리에게도 후한 값을 쳐주신다. 영적 패션리더가 된다!!!

» 옷이 초라하다

- 영혼이 파리하다(요삼1:2) 삶이 피곤하고 안 된다.

- 멋있다, 영혼이 멋지다. 삶이 잘된다. 아버지가 기뻐하신다.
- 아주 안 입었다 : 부끄러운 수치 중에 있다. 민둥 벌거숭이 재산이 하나도 없다.
- 윗도리만 입고 아랫도리는 벗었다. 집은 내 것이로되 땅은 내 것이 아니다, 부부간에 문제 있다.
- 멋있는 양복을 입었다. 멋진 사람이 되었다. 복을 주신다.
- 멋있는 한복을 입었다, 잔치가 준비된다.(계19:7-8)
- 색깔이 바랜 드레스를 입었다, 옛것을 버려야 되겠네요, 말씀도 행위를 아름답게 하는 말씀을 갖지 못했다는 것
- 멋있는 하얀색 드레스를 입었다 , 예수님과 결혼이 이루어 지겠어요 복을 받지요, 계19:7-8, 옳은 행실 인정, 계21:1-2, 나를 죽여(산순교), 성경의 아름다운 인격으로 신부된 자 즉 그대로 따라한 자 (요2:1-)

  * 금식하여 흉악의 결박자를 내보내고 아름다운
    행위가 성경적으로 되면 아버지께서 우리를 찬송해
    주십니다.(빌1:11)

» 옷가게 주인이 쌀쌀 맞게 나가라고 한다

- 옷가게 주인, 예수님
- 어렵게 하는 술 귀신 들린 사람을 돌보지 않겠다고 했더니 화가 나셔서 하신 말씀

» 옷을 갈아입어라

- 행위를 고쳐라

» 옷걸이

- 보통 옷걸이는 삼각형 모양이므로 자신을 보는 명철을(잠1:2,

28:11) 의미한다.

- 내가 비인격적인 언행을 하는 것은 어머니 같은 성령 하나님을(갈4:26) 때리는 것이다. 예수님을 채찍으로 때리고 조롱한 로마 군인과 같이 가혹 행위를 하는 것이다. 말씀에 어긋난 나의 악한 행위는 이미 십자가를 지신 예수님께 다시 십자가를 지시게 하는 것이다. 아름답고 인격적인 언행으로 예수님께 영적 예배를(롬12:1) 드리는데 최선을 다해야겠다.

- 계절의미 겨울에 좋은 일

- 정신 이상자들에게 하신 말씀

- 왕 되신 우리 예수님, 예수님의 신부가 만들어 드린 멋진 모습
- 여호와 하나님, 친정아버지의 멋진 모습이나 엄위 있으신 아버지의 모습으로

- 면류관을 의미한다. 예수님의 신부라는 의미이다.(계5:10)
- 성령과 신부가 말씀하시기를(계22:17) 성령 충만이 신부 세우는 비결이다.

- 예수님과 결혼을 한 신부를 말한다.(겔16:13)

- 에스더와 같이 6개월 몰약 쓰고, 향품 6개월 써서 왕비되어 죽으면 죽으리라 금식하여 자신의 백성을 구한 사람 (산순교자), (계21:1-2) 새 땅 되어 새 하늘이 온 사람.

» 왕궁
- 예수님의 신부네 집

» 왼쪽 팔을 꼭 물었다
- 상대가 공격해도 받아주면(마5:11) 그의 왼팔을 무는 거와 같다.
- 십자가의 왼쪽 마음에 안드는 사람을 사랑해주고 있는 모습

» 용답동
- 용 큰 사람들이 사는 곳이긴 하지만 아직은 답답한 동네이다. 큰 땅이 있는 동네로도 본다.

» 용인
- 세상에서 큰 사람
- 사탄의 대장
- 용이 연못에 들어와 작아졌다. 사탄의 권세를 무산시키는 하나님의 권세자

» 우물이 돌이다
- 돌우물이 오목오목하게 파였다. 온바닥이 모두 돌이다. 똑같이 파였다. 잠17:1,14, 19:13, 21:9, 25:24, 27:24
- 다투는 여인하고 사는 것보다는 혼자 사는 것이 좋고 광야에서 사는 것이 좋다는 말씀이다. 순종을 모르고 말씀도 모르고 자신의 멋대로 살고 있는 저자를 눈물로 세워주시고 눈물을 흘리게 하시며 포기하지 않고 세워주신 아버지, 예수님, 성령님의

눈물이며 나의 눈물로 판 돌우물이며 돌바닥이다. (돌은 믿음)

- 우리가 예수님을 따라가는 길은 예나 지금이나 못 알아들어서 눈물 없인 못 가는 길이다. 남들이 알아낸 것만 가지고 가는 것은 아주 쉬운 것이다. 그러나 하늘 나라는 무궁무진하여 언제나 우리를 어렵게 하시면서도 좋은 진리 내주시기를 간절히 원하신다. 그래서 항상 감사뿐이다.

» 우산

- 삶의 축축함을 피할 수 있도록 도와주시는 하나님의 긍휼

» 우유, 젖병

- 어린 믿음자(히5:13)
- 영적인 어린 아이의 양식(히5:13, 14)

» 우체국

- 하늘나라 소식을 전하는 곳. 벧엘기도원

» 유에스비(USB)를 받았다

- U, 유덕하고 S, 스마일하게 B, 비즈니스(사람 관계)를 잘하는 사람(잠11:16)

» 유리병

- 투명한 사람, 예민한 사람, 무엇이 담겨 있느냐에 따라 영성 분별
- 사람 세우는데 대처하라고 보이신다.

» 운동

- 성령운동, 기도운동, 금식운동의 훈련단계의 여부 확인

- 성경의 전쟁과 같이 하나님과 사단의 싸움이다.
- 소망하는 것이 있는데, 운동 경기에서 이겼다는 것은 그 소망이 이루어진다고 보여주시는 것이다. (창32:24)

» 운동선수

- 성경에 맞지 않는 인격을 고치는 것 우리의 삶에 성경을 접목하는 훈련과정을 표현하심.
- 운동의 여러 가지, 훈련 과정
  a. 격투기: 격한 훈련 중, 그런 훈련에 임할 것이다.
  b. 테니스: 가벼운 훈련 등으로 표현하시는데 훌륭한 종이 되려면 가벼운 훈련만을 해가지고는 큰 일을 못 맡기시겠지요. 두려움 없이 임하면 갖가지 훈련을 마음껏 시키셔서 큰 일을 맡겨줍니다.
  c. 레슬링: 어떤 사람과의 훈련
  e. 골프: 고급반으로 왔다, 많은 훈련을 거쳤다는 것.
  f. 야구: 사람과의 핑퐁, 대화의 기술일 수 있다.
  g. 수영: 영의(교회, 기도원) 물에서 사람들과 사단과의 씨름에서 이기고 지는 모습, 이기면 소원이 이루어진다.(창32:28)

» 운전하다

- 차는 사람을 가리키므로 어떤 차를 잘 운전하고 있다면 다른 사람들과 화평하게 지내고 있다는 것이다.
- 접촉 사고가 일어났다면 어떤 사람과의 사이에 부딪침이 있다는 것이므로 문제점을 아버지께 의뢰하고 지혜를 구하여 화평을 이루도록 대화를 하면 좋다.

- 완전함(마5:17), 칭찬에 감사, 책망에도 감사감사 (하룻길, 마6:34, 벧후3:8)

  오늘 나에게 주어진 이 두 가지 삶을 모두 감사로 받고 하나님께서 나를 훈련하기 위하여 보냈다고 인정하는 것(계19:2)

» 원단

- 새로운 행위를 위한 기초 재료, 만들어서 입는 때까지 훈련 즉, 시간이 필요하다.

» 원숭이 요리를 가져오라

- 원숭이 띠인 나를 잡아서 육을 죽이시겠다는 것
- 재주가 많은 사람, 공격적인 귀신, 사람

» 원주에가자

- 원래 주께서 우리를 잘되게 하기 위해서 주신 성경으로 가자(렘2:13)

» 월경하다

- 회개하여 귀신이 나가다

» 위2 위

- 모세와 아론같이 사람 위에 사람 있다로 봐도 된다.

  높은 곳의 높은 곳이라는 교회를 분별하며 사람을 분별

» 유업을 가로채려는 장로

- 집안을 못 되게 하는 혼에 새겨진 비 인격 귀신

» 유에프오(UFO)로 타고 간다

- 알지 못하는 크고 비밀한 일(렘33:3)이 나타난다

» 유학 간다

- 유덕을 배우러 간다.

» 윷놀이

- 사람과의 관계에서 잘하고 있느냐를 분별, 이기느냐 지느냐에 따라서 지면 내가 잘못하고 있다는 것

» 의사

- 예수님, 능력 있는 주의 종

» 은색 (말3:3)

- 순수. 순결 (잠25:4. 잠27:21) 그렇게 되라

» 은행나무

- 가을의 열매, 독한 말이나 독한 사람을 말할 때

» 음성으로 또렷하게 말씀하시는 것도 해석이 필요

　＊　예) 네가 나에게 두 번 비를 내렸으니 내가 너에게 한 번에 단비를 내릴 수 있었다.
- 두 번의 비 : 두 가지의 시험에 합격해줘서(엡5:10) 내가 너에게 한 번의 단비(현 예배당, 빚 없이 지은 것)를 내릴 수 있었다.
- 두 가지 시험 합격을 무엇이었나요
  a. 나를 사랑하여 순종하였고
  b. 생명을 드려 순종하였다

- 이루어지지 않는 삶을 살고 있다

- 마음이 하나가 되었다

- 외가댁으로부터 내려온 고통의 귀신들이 나가는 것

- 고쳐야 하는 잘못된 말을 찾아냈고 회개하였다. 그러나 이 말을 온전히 고치는 데는 시간이 걸리기 때문에 아버지께 의뢰하면서 순차적으로 고쳐 나가면 된다. 새 이가 나올 때 까지

- 산 제사(롬12:1)드리는데, 귀신이 행동을 했다 성경이 원하는 행동했다 한다(이중인격자이다). 고쳐서 심지가 견고한 자가 되자(사26:3)

- 큰 기도원

- 기도원 원장님, 성령님이 계시는 곳
- 고모네 집, 아버지 쪽 여호와 하나님 계획하시는 분
- 시아버지, 시어머니, 남편 쪽 하나님이나 저주
- 친정아버지, 어머니, 친정 쪽 영성, 하나님이나 저주

» 이복동생

- 육에 사람 성령이 밖에 계심, 금식하여 씻고 친동생으로 가야한다.(계3:20)

» 이불이 많은 방이 있다

- 기도원 사역자

» 이부자리

- 편안함. 이부자리가 더러우면 삶이 피곤하다. 깨끗하면 삶이 편안하다.

» 이불장(가구)

- 사람을 따뜻하게 섬기는 은사

» 이가아파서 고생

- 아픈 만큼 성장한다.
- 아픈 이가 빠졌다: 속시원하게 해결되었다.
- 부정의 말을 많이 해서 그것이 열매를 맺어서 속을 썩이는 삶을 갖고 있다.

» 이쑤시개

- 말 중에서 잘못된 것을 고친다.

» 이혼하다

- 예수님과 이혼하다.(말3:16)
- 사단, 마귀, 귀신과 이혼하다. 사마귀의 정체를 알게 되어 회개하고 언행을 고칠 때 그들은 내 안에서 나가게 된다.
- 다시 죄를 반복하면 다시 들어온다.(눅11:26)

- 배 꽃 처 럼 순 결 한 예 수 님 의 신 부 를 육 성 하 는 큰 학 교 (영 · 서학교를, 금식하여 배꽃같이 하얀 신부를 만들어 주신다고 좋아서 하시는 말씀)

- 귀한 사람 (사43:4)

- 바다의 신비의 물고기 : 세상에 신기한 사람

- 하나님 아버지와의 다양한 교제 수단,
- 꿈 · 환상, 예언 음성

- 담임목사. 1선 목사

- 사탄 나라

- 너무 피곤하니 쉬어라, 급한 일이 생긴다, 급 금식(레16:29- , 23:4- , 사58:3)

- 하나님 앞에 한 마음으로 가는 사람
- 민들레처럼 밟혀도 배신하지 않는 사람

» 일하는 모습

- 모양 따라 잘하고 못하고 있는 것 분별

» 임신하다

- 소망을 잉태하다(잠13:12) 소망을 아버지께 간구하여서 이루기까지는 아이를 출산하는데 시간이 걸리는 것처럼 시간이 필요하다.

» 입(입이 예쁘다)

- 말이 예쁘다(잠25:11)

» 입 맞추다

- 예수님과 입을 맞추었다면 예쁜 말을 하고 있다.
- 입을 맞춘 사람과 동일한 잘못된 말을 하고 있다.
- 바른 견책을 했다.(잠언24:25,26)

» 입 앞에서 파리 한 마리가 왔다 갔다 한다

- 저주하고 싶은 마음에 입이 근질근질하다. 물리쳐야 복받지요 입을 삐죽이며 어떤 사람이 나간다 :
- 내 행동 부분에 잘못된 것을 알게 하시고 깨달았더니 귀신이 나가는 모습(이쁜 한복(행위)을 못 입게 하는 귀신)

ㅈ

» 자녀

- 실제 자녀
- 내 모습을 비유하여 보여주시기도 한다. 하나님 아버지 입장에서 나는 하나님의 자녀이기 때문이다.
- 소망
- 복(시127:3~5, 시128:3,4)
- 기업(시127:3~5)
- 영의 자녀 및 성도(딤전1:2 믿음 안에서 참 아들 된 디모데에게 편지 하노니)

» 자동차를 고친다

- 사람, 나 너 고친다, 시험지, 나를 고칠 사람 온다(약1:12)
- 기름을 채운다, 성령 충만을 채우라는 것
- 닦는다, 더러워졌다는 것

» 자살했더라

- 자신을 쳐서 복종시켰더라(고전9:27)

» 자유공원

- 자유하는 율법을 들여다보는 사람들이 있는 곳(꿈환상으로 분별하 여, 약1:25)

» 자유의 여신상
- 화목 제물 되신 예수님 닮은 사람(롬8:2)

» 짤라 (눅16;1-)
- 불순종한 종에게 이르는 말, 그는 엄청난 고통 속에 들어가서 아직도 갇혀 있는 몸이 되어버렸다 북한에

» 작은 문
- 좁은 문으로 들어간다는 것, 남들하고 다르게 살게 하겠다는 것(마7:13,14)
- 다른 방향으로 보면 높은 산 (마17:1-)

» 잔치 국수
- 좋은 일, 잔치를 할 일이 있다.

» 잘 나가는 연예인이 뗏목 타고 가며 죽었다 살았다 한다
- 나를 쓰고 있던 저주 귀신들이 떠나가면서 나에게 해를 끼치고 있는 현상

» 작은 산
- 작은 영계의 사람, 작은 문제

» 잠자다
- 아직 일이 진행되지 못하고 있다.(시73:20), 영혼이 깨어나지 못한 상태이다.(요일3:2)

» 잠자리를 하자고 쫓아다니는 사람
- 예수님, 사명 감당하지 못하고 있을 때 예수님이 하나 되서 자신의

일을 해달라고 보이신 방법

- 세상적인 책을 말한다. 지금 읽고 있는 책의 수준을 비유하여 보여주신다. 성경으로 돌아가자!(딤후3:16)
- 사람을 깊이 있게 이해하게 하는 훈련을 받고 있다. 잡지책에는 많은 사람들의 삶의 간증이 있는데, 그것을 통해 다른 사람들의 삶의 다양함을 간접적으로 체험하는 것처럼 주변의 사람들과 교제하고 부딪치는 것은 사람을 이해하기 위한 훈련의 과정

- 잡초 같은 사람(마13:38)

- 새로운 일을 하게 된다.

- 빨간색, 사명의 꽃
- 노란색, 예수님을 사랑한다는 것
- 색깔 따라 분별한다.

- 그 방법으로는 안 된다는 것 병원에가서 죽었다. 금식을 했으면 살았는데

- 육이 죽었다.(마16:23)

ㅈ

» 잠옷

- 잠자리의 평안과 불안

» 재벌 아버지

- 돈이 많은 하나님 아버지(요1:12) 그래서 나는 부자다

» 저녁 식사

- 아버지, 예수님, 성령님께 인사하는 것이다.(롬10:10)
- 오늘 하루 동안의 나의 삶을 위해 수고하고 애써주신 삼위일체 세분에게 동일하게 입술로 감사의 말을 올리는 것이 아버지, 예수님, 성령님께 드리는 저녁 식사가 된다.
- 인사법 : 아버지! 예수님! 성령님! 수고하셨습니다. 사랑합니다. 파이팅!
- 아침 먹자, 말씀이 부족하다.   점심 먹자, 금식해라.

» 저녁을 못 먹어 배고프다

- 인사 안 해서 속상하다.

» 정공법 쓴다

- 말씀대로 한다.(벧전2:21)
- 말씀 밖으로 나가지 않는다.
- 나갔을 때는 빨리 회개하고 돌이킨다.
- 아주 0.8초로 훈련하여 말씀이 내 삶이 되게 한다.

» 전기를 끄다

- 예수님이 나가시고 귀신이 안에 들어왔다.

» 전기를 켜다

- 빛 되신 예수님께서 우리 안에 들어오셨다.

- 하늘나라의 비용이 많이 들어간다.
- 오랫동안 문제를 해결하려고 해도 안 되는 상태(기도로만)
- 금식과 기도로 급속히 치료하고 급속히 고치는 것은(사58:8) 전기세가 적게 든다고 표현하신다.
- 적게 들면 돈이 남는다는 개념으로 부요가 온다.

- 힘든 삶 (잠1:18), 마음속의 싸움, 미워하지 않기 위해서

  ＊ 예) 교회에 폭탄이 떨어지거나 들고 왔다 곧 교회나 가정이 폭파한다(어려움이 온다, 자신의 돈 문제나 삶에 어려움이 온다는 것)
- 이것을 나라에 전쟁 일어난다고 말한다. 아니다 모두 자신에게 해석하여 자신의 가정이나 사역을 잘 되게 하면 나 때문에 나라가 잘 된다.

- 유순하게 사람들을 대처하면 싸움이 없이 매번 승리할 수 있다. (잠15:1)

- 집안과 주위에 사단이 보낸 사람 때문에 어려움이 있다.

- 큰 교회, 큰 일

» 전투기

- 능력 있는 종이다. 늘 하루의 전쟁에서 승리하는 사람

» 전화기

- 하나님과 교제나 기도. 최신 휴대폰을 가지고 통화가 잘되고 있다면 하나님의 뜻을 알아서 순종을 잘하고 있다는 뜻이다. 그 반대일 경우는 불순종하는 부분이 있다는 의미이다.
- 어떤 사람과 교제. 통화가 안 되거나 통화 상태가 좋지 않으면 그 사람과 내가 하나님의 뜻 안에서 하나가 안 된 상태이다.
- 집의 전화기는 교제 장소가 고정되어 있다는 의미이다.
- 휴대폰은 아무 곳에서나 어느 때에나 교제가 자유롭게 이루어지고 있다는 의미이다. 성령의 사람

» 절(사당)

- 세상 적이고 육신적인 교회를 절로 보여 주신다.

» 절약하다

- 사람을 세우는데 시간, 돈을 최소한으로 소비한다. '벧엘의 금식 기능'을 통해 최소한의 하늘나라 경비로 멋진 사람을 육성할 수 있다.

» 점심 식사

- 금식하라.
  예수님은 혼인 잔치에 오찬을 준비하여 초대하였으나 청함 받은 자들의 예복이 준비가 안 된 상태를 보시면서 화를 내셨다.(마22:4) 그 예복은 먼저, 금식으로 귀신을 내 몸에서 내쫓고, 성경에 맞는 아름다운 행위로 준비될 수 있다.(계3:17, 18,

16:15, 19:7,8)

» 점심 먹자
- 금식하라는 명령(마6:16)

» 접시(그릇)
- 사람. 성도(행9:15, 딤후2:20)

» 정류장의 표시가 또렷하다
- 내가 언제쯤에 무엇을 할 것인가를 꿈 · 환상으로 보여주셔서 알고 있다.

» 정명(正命)
- 말씀을 위해 목숨을 다하는 사람

» 정신 병원에 입원해 있다
- 정신없는 일을 하고 있다고 책망

ㅈ

» 정연
- 정든 연인. 저주 (겔16:33. 36)

» 정의(正義)(십계명5-10, 이웃 사랑)
- 공의, 하나님의 법, 말씀(십계명1-4, 하나님 사랑)
- 말씀을 가지고 사람 사이에 의롭다 함을 얻은 사람,
- 사람들과 잘 살게 된 사람 (암5:24)

» 젖이 잘 나온다
- 양육 준비가 되었다.

- 군대 귀신들, 이런 것들이 쫓아다니면 죽든가 망하든가 한다. 급금식

» 조화

- 성령님이 없는 죽은 영혼(죽은 삶), 금식으로 성령님을 살려서 향기 나는 아름다운 꽃으로 바꾸자!(고후2:15)
- 물과 성령으로 거듭나지 못한 사람(요3:5)

» 쪽파

- 강하게 하는 것

» 종근당을 옮긴다

- 오래 묵은 행위의 귀신을 내보낸다.

» 종

- 특별한 날을 알릴 때 하늘에서 들리는 소리

» 종이

- 사람의 혼(갈5:23), 혼은 인격
- 종이에 낙서가 많고 지저분하면 세상적인 것으로 더러워졌으니 금식으로 깨끗하게 하고,
- 하얗고 깨끗한 종이라면 그 위에 성경을 써나가며 훈련하면 된다.

» 종편개국

- 종으로서 하나님 편이 된 사람이 세운나라

» 종편 단편뿐

- 종으로 하나님편이 되었으면 일편단심으로 가는 것만이 살길이며 권세를 갖는 것은 이 길뿐이다.

» 좌충우돌한다

- 길을 제대로 찾지 못하고 있다.
- 나는 길이요 진리요 생명이다(요14:6) 하늘에서 내려오신 예수님만이 천국가는 길을 알고 계신다는 것

» 좌회전

- 지시받아 그대로 따라하는 것(요2:1-), 우회전: 마음대로 하는 것

» 종이 상자

- 마음 밭이 얇다.
- 조언자의 말도 잘 듣지 못하고 넘어지기도 잘하는 사람
- 성전을 단단히 만들어 주세요. 기도, 금식(막9:29)

» 죄수복

- 저주에 매여서 죄인의 신분이라는 것,
- 흉악의 결박 자(귀신)들이 많이 들어와 있다.(사58:6)

» 주막(여관)

- 교회 (눅10:35)

» 주방이 옛날 것이고 어두컴컴하다

- 부요의 척도, 교회가 어둡다, 종이 나이를 먹었다, 성령의 빛이 없다.
- 육의 생각이 가득

» 주소

- 현재의 영적 상태, 멋진 사람의 집에는 자기의 문패가 붙어있다
(잠8:12), 땅에 복을 받아 주소가 있다.

» 주유소

- 성령의 기름을 공급해 주는 벧엘 기도원(라마라욧)
월 11조의 금식으로 기름 예비하는 곳(마25:1-11) (매주
수,목,금)

» 죽

- 흰죽 외 여러 가지의 죽, 금식하라는 것
말씀의 단계를 말씀하시기도 하신다.

» 죽다

- 사람 안에 사단, 마귀, 귀신이 죽다.(나쁜 행위를 버렸다),
요12:24, 롬8:6
- 영혼이 죽다, 급 금식

» 죽이다(살인자)

- 미워하고 있다 회개하라 (요한1서3:13)

» 준마 탄 멋진 사람들

- 잘 훈련된 예수님의 군사들(아1:9)

» 줄자를 가지고 있다(다림줄)

- 말씀 안에서 분별력을 가지고 있다.(암7:7,8, 슥4:10)

» 중소 도시

- 대형교회, 대도시,
- 중형 교회, 중소 도시

» 쥐

- 재물을 갉아먹고 축내는 귀신
- 입(마우스)에 붙은 귀신
- 쌀을 훔쳐 먹는 쥐의 특성상 가난의 저주를 말한다.
- 쥐를 영어로 마우스라고 하는데 마우스는 또 다른 의미로 입을 의미하므로 서원한 것 혹은 입술의 열매를 의미한다.(사57:19)

» 지게

- 올려져 있는 것을 보고 짐의 종류,
  내 것을 주께 맡기고 주의 것은 잘 지고 가면 된다.

» 지렁이 (욥25:6, 사14:11)

- 네 영화가 스올에 떨어졌음이여 네 비파 소리까지로다 구더기가 네 아래에 깔림이여 지렁이가 너를 덮었도다.
- 욥 같이 어려움을 당하고 있는 사람에게 주시는 것
- 사41:14절은 버러지 같은 너 야곱아도 있다, 버러지 같은 짓 할 때, 너무나 약하다는 것을 강조하실 때

» 지렁이가 지나가면 잡으려고 한다

- 낚싯밥이 있으면 자신이 하고 싶은 일을(육) 하려고 기다린다. 책망

» 지리 선생님

- 인생길을 가르쳐 주는 선생님

ㅈ

- 머리의 생각이 잘못, 설교 때. 육신적인 말씀을 전한다, 엡6:16

- 삼위일체 하나님 아버지를 모른다.
- 말씀이 없어 공중 권세 잡은 사단의 침투가 쉽다.(엡6:10)

- 말씀이 능력 있게 준비되어 반석 위에 집을 지을 만하다.

- 예수님, 금식과 기도로 능력 있는 예수님의 대행자

- 지도자, 지도력, 출14:16

- 말 할 때와 멈출 때를 알아서 지혜롭게 하라

- 은사(엡3:19), 저주, 저주에 갇힌 모습, 귀신이 내 몸에 들어와서 삶을 안되게 하는 것(가난, 병, 자식이 안됨, 죽음 병, 삶, 가족이 힘을 잃는 것(레26:1-)

- 성령의 여자, 말로 하나님의 마음을 시원하게 사람을 잘되게 하는 사람(전7:19)

» 지휘자
- 예수님, 지도자

» 진공청소기(최신형)
- 회개 방법

» 진주 (사43:4)
- 고통을 통해 얻은 보배 (마7:6), 고난을 겪고 일어난 사람

» 진흙밭 (삼상2:8)
- 진창이 되어버린 어려운 삶

» 진흙탕 속에 빠져 있다
- 인생이 진창으로 변했다.

» 질린다고 말한다
- 그 방법으로는 안 된다는 것이다.

» 짐(보따리)
- 해결해야 할 인생의 문제(마11:28), 버려야 하는 행동

» 집
- 우리는 하나님의 성전이다.(고전3:16). 그러므로 어떤 집이냐는 그 사람의 단계를 말해 준다.
- 왕궁이라면 왕 되신 예수님을 모신 왕비의 단계이고(계5:10, 19:7,8, 21:1,2)
- 초가집이라면 예수님을 온전히 모실 수 없는 단계를 말한다. 왜냐하면 예수님은 왕이시기 때문에 왕궁에서 사신다. 도와주기

위해 잠깐은 들를 수 있지만 거룩하신 예수님이 그 곳에 거할 수는
없다. 보여주신 나의 집이 더럽고 작고 초라하다면 멋진 왕궁을
만들어 달라고 의뢰해야 한다. (히3:6, 우리가 소망의 확신과
자랑을 끝까지 굳게 잡고 있으면 우리는 그의 집이라)

» 집(가죽부대, 사람 고전3:9)

- 헌 집(헌 가죽부대 묵운 포도주) : 성령으로 거듭나지 못한 사람,
  요3:5
- 새 집(새 가죽부대에 새 포도주, 마9:17, 막2:22, 눅5:37),
  성령으로 거듭난 사람

» 집의 모양(고전3:9)

- 우리의 마음 성전의 모양
- 집의 모양이 잘못 되어진 부분들은 말씀에 비추어 나의 삶에
  행동이 잘못된 것이다. 고쳐달라고 기도하며 애쓰자.

» 집 청소

- 회개가 이루어져 쓰레기를 버리는 모습,
- 회개할 줄 모르는 사람은 짐승이다.(잠12:1)
- 고향 집에 간다, 천국 간다, 죽는다, 준비하라

大

» 차

- 앞에 가던 차가 뒤에 있는 차를 받았다 : 앞서간 종이 갑자기 불법해서 남의 일에 간섭했다.
- 차를 잃어버렸다 : 내가 할일을 잊어버리고 엉뚱한 일을 한다.

» 차가 달리다 멈췄다

- 일하다가 멈춘다는 것

» 차 키를 받았다

- 복의 방법(말씀)을 주셨다. 순종하라는 것

» 창고

- 교회 (마13:30)

» 창고를 천막으로 짓더라

- 교회를 허술하게 벽돌로 짓지 못한 상태

» 창녀

- 음행한 사람을 가리킨다.(고전6:18~20)
- 영적으로 예수님과 합하지 못 한자를 비유한다.(고전6:17) 우상숭배와 불순종을 하면 예수님과 한 영이 될 수 없다.
- 악한 영과 하나 되어 있다.(성경적이지 못한 행동)

» 창문으로 들어가거나 빠져나온다

- 문이 아닌 창문은 마음의 생각정리를 하라고 하신다. 요10:1-

» 채찍

- 고난(사53:5)

» 책상

- 앉아있다면, 공부해라 좋고 나쁜 것을 보고 나의 공부의 상태 분별

» 천막(초막) (사4:6)

- 심판과 소멸의 영을 받아 어려움을 통하여 나 자신을 내려놓게 하신 후에 교회, 집 등 풍우를 피할 수 있게 나에게 주신 일터나 집

» 천사

- 구원 백성들을 섬기라고 보내시는 영(히1:14)
- 보이지 않는 사랑스런 손길
- 나의 어려움을 돕는 사람
- 히1:7, 시1044 : 그는 그의 천사들을 바람으로(영) 그의 사역자들을 불꽃으로 삼으시느니라, (참고, 하나님의 치리법, P32, 대하18:18)에 불꽃을 일으키는 천사는 사마귀 천사이다 나에게 나쁜 일을 만들어 낸다는 것이다 불순종이 일어났을 때 분별하자 꿈·환상으로 그리고 회개하며 용서하는 금식을 하면 사마귀천사는 나간다 회개와 용서할 일이 생겼을 때 들어왔기 때문에

» 철 가게가 망했다

- 철장권세(계2:27, 12:5, 19:15, 예수님께서 갖고 계신 철몽둥이, 대하18:18, 이들은 불순종을 치리하는 사마귀 천사, 참고 P 32)

- 금식하며 말씀 듣고 인격을 고친 것을 이렇게 말씀하심
- 입과 행동을 잡고 있었다.

» 귀신이 철장 치면

- 나쁜 짓 하게(계21:8)되고
- 예수님이 철장 치면 사명을 감당하여 복 받게 된다.(계2:2:27 19:15) 인친다고도 한다.(아8:6)
- 철장 : 불순종의 죄 때문에 귀신들이 길들여서 고통을 주고 우리의 인격을 잡고 훈련시켜온 말과 행동 단단하고 고치기 어렵다.(계19:15) 그래서 불같이 뜨거운 삶을 통하여 빼낸다, 금식하여 나의 인격의 추수가 이루어져야 한다.(마3:10,11)

» 철사처럼 두꺼운 머릿결

- 배운 지식과 생각이 굳어진 상태

» 청년들

- 성도에서 벗어나 어느 정도 성장한 사람, 2층천 (행2:17,요일 2:13. 히5:14) 참고, P 221
  장성자의 자리로 가기 전 단계(히5:14)

» 청바지

- 봉사나 일을 하게 되다.

» 청소하다

- 하나님의 몸 된 성전에서 귀신(짐승)을 내쫓는 것을 말한다. (요2:14~16)

» 청소한다

- 방 청소, 자신의 마음을 살펴서 회개, 용서
- 마당 청소, 주변을 살핀 회개. 용서
- 운동장 청소, 자신의 일터 회개. 용서
- 우물 청소. 성령전, 마음, 어떤 상황이든 금식하면 깨끗해진다.
- 연못 청소, 사역지도 금식으로 청소한다.

» 청정 지역

- 영계 중에 탐험되지 않은 곳
- 올라갔다면 그만큼 배웠다.

» 초등학교

- 영적으로 어린 아이들을 교육하는 교회(1층천, 참고, 산p221)

» 초록색

- 생명의 색. 성령님의 색(롬8:2)

» 초상집이 밖에 버려져 있다

- 육이 죽어 열매를 맺어야 하는데(요12:24) 현장 대처 능력이 약하여 세상에서 해보지 못하고 버려진 사람. 종

» 초콜릿(사탕)

- 칭찬. 많이 받으면 해롭다.(눅6:26)

» 총잡이

- 말씀(총)으로 훈계하는 사람

» 출산하다

- 소망이 이루어지다. (잠13:12)

» 충치 먹은 이

- 계속적으로 쓰고 있는 사탄의 말

» 추리닝

- 훈련복. 모양에 따라서 훈련의 단계로 볼 수 있다.

» 치마, 바지가 안 좋다

- 부부 사이가 안 좋다. 하체 부실

» 치마

- 생식기를 포함한 하체의 건강 상태. 치마가 찢어졌다고 보여주신 것은 자궁이나 하체의 아픈 부위가 아직 덜 치료되었으니 치료 기간이 더 필요하다고 말씀하고 계시는 것이다.

» 치료비를 많이 달라고 한다

- 기뻐하는 금식을 하지 못했다.
- 하나님이 기뻐하시는 금식하라
  a. 일하지 않고 오락하지 않는 것(사58;3)
  b. 회개하고 용서하는 것
- 하나님 기뻐하는 금식을 통하여 몸과 삶을 치료하는 것인데 잘못하여 치료받지 못했다.

» 치마를 들추다

- 수치를 드러내다.(겔13:26)

» 친구

- 예수님(요15:14, 15 너희를 친구라 하였노니)
- 친구처럼 친한 사단, 마귀, 귀신

- 웃음, 기쁨

- 회개하여 귀신이 나가기까지의 과정을 말씀을 가르쳤더니 알아들었다.

- 편안함
- 방의 넓이에 비해 부부 침대가 너무 넓으면 잠을 많이 자니 잠을 줄여라.
- 침대가 좁으면 부부 잠자리를 가져라, 마음을 넓혀서 네 아내나 남편을 편하게 해 주어라.

- 삶에 위험이 왔다.
- 잠자리가 무서운 위기가 왔다.
- 불순종하는 삶이 있다.

- 편안히 잠을 자고 새로운 힘을 충전 받는 상태, 좋고 나쁜 상태를 보고 기도

- 공부하라는 것

- 때리려고 가진 물건, 회개해야 한다.(마10:17, 요2:15)

ㅋ

» 카메라

- 사람의 마음을 볼 수 있는 능력(은사) 고전12:1-11

» 카키색

- 훈련을 마친 고급 군인의 색

» 칼(검)

- 말씀, 성령의 검 (엡6:17), 또는 상처를 주는 말

» 칼국수

- 말씀의 차례, 인절미, 떡, 죽 등의 차례

» 칼을 내 등에 꽂았다

- 네 등 뒤에서 흉봤다, 배신했다.

ㅋ

» 커트칼이 내 몸에서 빠져나가더라

- 세월 속에서 다친 고통과 아픔이 금식을 통하여 나에게서 나가는
  모습

» 커튼

- 가려진 부분

» 커피를 마시다

- 세상적인 생각이나 행동을 하다.

» 컴퓨터, 비디오, TV, 영화관

- 하늘나라 보는 도구
- 자신들이 삶에 접목하여 보이시기 때문에 꿈·환상을 보는 방법을 말함

» 케이크

- 생일, 거듭남, 영혼이 새롭게 태어났다는 의미
- 축하할 일이 생긴다, 축하. 위로. 달콤한 말씀

» 코(코가 높고 예쁘다)

- 마음의 중심이 예쁘다.

» 컨테이너에서 빵 장사를 한다

- 성경이 아닌 것을 가르치는 교회, 빵, 거짓말,
- 삶의 구원이 어려운 말씀

» 콩나물 무침을 먹다

- 삶이 잘 되서 하나님께 감사하며 찬양하다.

» 콩나물

- 음표. 노래하다. 즐거운 일이 생긴다.

» 큰 강당에 거미줄이 잔뜩 있다

- 행위를 고쳐주지 못하는 말씀 때문에 생긴 어려움이 온다는 것
- 부흥이 안 되거나 어려운 일, 싸우는 일이 자꾸 생긴다.

» 큰 교회 목사님이 나타나서 뭐라고 하시더라, 일을 하시더라:

- 나를 크게 만들기 위해서 애쓰시는 예수님
- 크게 만들겠다는 각오
- 훈련을 잘 받으면 큰 사람이 된다.

» 큰 닭

- 큰 사람, 크게 쪼는 사람

» 큰 돌

- 큰 믿음의 사람(마16:18)

» 큰 마차에 가득 실어서 가지고 오더라

- 큰 물권, 많은 사람

» 큰 버스가 와서 작은 버스를 뭉개더라

- 큰 교회(사람)가 작은 교회를 어렵게 하더라.
- 큰 사람이 약한 사람을 어렵게 하더라.

» 큰 불

- 큰 문제, 큰 성령의 바람이 일어난다.

ㅋ

» 큰 산 (슥4:7)

- 영계의 큰 사람, 큰 문제

» 큰방

- 마음이 큰 사람

» 큰아버지 작은아버지

- 하나님 아버지와의 관계, 멀다
- 친아버지를 삼아야 나를 도와주실 수 있다.
- 세상의 이치와 같이 큰아버지는 내 아버지와 같지 않다.

» 큰 종을 폭파 시키다

- 조상들의 우상 숭배의 찌꺼기를 금식한 거룩한 백성들의 기도로 사단, 마귀, 귀신이 물러가다.(출20:4-5)

» 큰 짐승

- 사탄 또는 사람이기도 하다.(계17:8-)

» 큰 짐승이 죽었더라

- 큰 귀신을 잡았다. 내 행동의 어떤 것을 알아서 성경에 맞추어 제약했더라.
- 그 짐승의 숫자만큼 내 행동이 고쳐지고 소원이 이루어집니다.

» 키 작은 사람

- 아직 어린 아이(회개와 용서를 가르쳐야 한다)
- 키가 큰 사람, 실제보다 크거나 비정상적으로 큰 경우 교만한 사람을 뜻한다.

» 큰일 났다

- 큰 일을 행하시리라(왕8:13)

» 킬로그램(kg)

- Kill은 죽이다. Gold는 육이 죽으면 금같이 되어 복을 받게 된다는 의미이다.(요12:24, 말3:3)

» 타조

- 큰 사람

» 탁구

- 핑퐁(주고받는 것).
- 방언과 통변이 잘 훈련
- 주고받는 대화가 잘 이루어지는 것

» 탤런트가 술 취했다

- 주의 종 목사가 세상 술에 취했다.(잠20:1)

» 탈모

- 대머리(세상의 생각에 사로잡혔다), 레13:40-43
- 탈모에 상처나 붉은 점 : 문둥병, 세상에 완전히 취했다.
- 돌이켜 아버지 앞으로 가야 한다.

» 탈수하다

- 잘못된 행위 고치는 중 빨아서 탈수, 과정 말려서 입어야 끝

» 탕수육

- 돼지 귀신(탐욕)을 잡아서 먹기 좋게 요리한 음식

» 터널(바위터널)

- 환란과 고난의 때, 할 수 없는 곳을 파서 길을 만들었다.
- 얼마쯤 팠느냐에 따라서 시기를 분별

» 터닝
- 방향을 바꾸는 것

» 태권도학
- 큰 권세이신 예수 그리스도를 배운다.

» 태극기
- 나라의 상징, 내 옷에 있으면 나는 나라의 대표
- 종류와 크기를 따라 사람의 영성과 사람을 도울 수 있는 사이즈

» 택시를 탔다
- 잠시 거쳐 가는 기도원이나 교회

» 토끼 귀
- 잘 알아듣는 귀

» 토하다
- 회개하여 귀신이 나간다.

» 트럭
- 짐 옮기는 사람, 은사
- 트럭을 운전하는 목사, 사람들의 무거운 짐을 옮겨주는 은사자
- 사람을 짐짝처럼 취급하는 종
- 영육 구원이 온전하지 않고 불안한 말씀과 은사를 갖고 있는 종
- 주로 이단 단체를 끄는 종들을 이렇게 말씀하심

» 트럭이 무서운 낭떠러지에 있는 위험한 상황이다

- 어떤 일에 대해서 너무 위험하다.
- 나를 살펴서 돌이켜야 한다.

» 트레이닝 복을 입었다

- 훈련 종 (딤후2:1-)

» 트랙터

- 마음 밭을 갈아엎어 옥토를 만드는 은사

» 티브이(TV)

- 꿈과 환상이다. 즉, 영계를 보는 도구.
- 화면이 크고 선명하면 아버지의 뜻을 잘 보고 이해하고 있다는 뜻이다.
- 고장이 났다.
  - a. 꿈 · 환상이 잘 안 보인다.
  - b 고쳐서 잘 보이게 해 주세요

E

ㅍ

» 파

- 심장을 튼튼하게 하는 것
- 두려운 일에도 놀라지 않아서 딸 공주 되어 복 받게 해 주시려고 가르치는 삶(벧전3:6),
- 사라의 두려운 일 : 아브라함이 그의 아내를 팔아먹은 것 (창12:15-20), 남편이 이런 일 안 했으면 늘 이해하고 사랑해야 한다. 사라는 팔아먹었어도 주라 칭하며 섬겼다.

» 파는 것

- 복음을 전파하는 것으로 은사를 사용하는 것
- 달란트를 사용하고 있다.(마25:14-30)

» 파리

- 저주, 살아서 움직이는 귀신, 내 삶이 냄새나면 움직인다.

» 판넬 집

- 마음 성전의 모습
- 멋진 집이 되게 해달라고 기도

» 패션잡지를 본다

- 유행하는 패션을 보게 되는데, 행위를 새롭고 멋지게 바꾸어 가는 것을 알게 되었다는 것이다.(겔16:9~13)

- 또한 누군가에게 패션 정보도 줄 수 있으니 나의 행위가 다른 사람에게 좋은 영향을 줄 수 있다는 뜻이다.(딤전4:16, 이것을 행함으로 네 자신과 네게 듣는 자를 구원하리라)

» 편지

- 복된 소식을 전하는 자, 전도자, 금식 전도자 (고후3:3)

» 편지 봉투

- 사람, 깨끗한 편지 봉투는 금식으로 깨끗이 씻긴 거룩한 사람 (계7:14)

» 포구

- 구원의 항구, 크기는 사이즈 분별

» 포도주

- 성령님, 세상에 취하다(잠20:1), 물질, 소망, 열매

» 포장마차(길거리 노점상)

- 성경의 법을 모르고 가르치고 배우는 교회

» 포장지

- 겉 모습, 내용물이 더 중요하다.

» 포장을 치고 교회를 하더라

- 허술하게 시작한다.

» 폭탄이 떨어진다

- 집에, 교회에 사업지에 나라에, 그곳을 폭발하는 어려움이 생긴다.

ㅍ

» 폭탄이나 화기 종류가 집안에 들어온다
- 행위 점검 속히 돌이켜야 한다, 큰 사건, 시험을 치른다.

» 푸른 초장이 펼쳐져 있다
- 영혼들이 편안히 쉴 수 있는 곳이다.(시23:2)

» 피
- 생명이 위급하다 잃는다. (행2:19)
- 돈이 사라지는 것

» 피아노
- 주의 종(사람), 그랜드 피아노, 큰 종을 의미.

» 필적이 없으리라
- 책을 쓰는데 대적할 사람이 없을 것이라고

» 하늘에 또렷한 손잡이가 있다

- 하늘에 열린 문을 두었다.(계4:1)
- 하늘의 문(길, 요14:6)을 성경으로 열었다.(계22:14)
- 나는 열쇠 자물쇠는 성경

» 하룻밤

- 1년 정도의 어두움
- 우리에게는 밤과 낮이 필요하다. 좋은 일만 있으면 사람이 교만해져서 결국은 망하게 되므로 아버지의 사랑은 밤과 낮을 나에게 주시는 것이다.
- 낮에는(좋은 일) 기뻐하고 밤에는(어려운 일) 회개한다.(전7:14)

» 하수구가 잔뜩 막혀 있다

- 원할하지 못한 일이 있다. 돈이 꽉 막혔다.

» 하얀색

- 거룩한 삶이 나에게 있다.

» 학교

- 교회, 기도원 (딤전4:6, 13, 16)
- 하늘나라에도 학교가 있어서 구원 백성이 자라가는 모습을 분별해 주신다.(빌2:12, 잠13:12, 13)

- 세상이나 교회를 우리의 삶을 교육장이라 하신다.

- 때가 찰 때까지 금식하며 기도하는 교회를 말씀, 빚지지 않고 때를 기다렸다가 아버지께서 주시면 쓴다. 미리 땡겨서 교회도 집도 안 짓고 살림도 안 한다.
- 주시는 대로 먹고 싸고 자고 하는 사람들을 기르는 곳(하루만 산다, 마6:34)

- 백성· 성도들

- 한 가지 문제

- 한가지의 말, 문(입)

- 저주(안 좋은 모습)
- 노련하게 숙련된 사람(행2:17, 늙은이 들은)
- 복의 끈

- 할렐루야! 머니머니(돈, 손자들 기르는데 돈 잘 대주고 사랑해주는 복의 근원자)

» 할아버지가 더럽고 추한 행동을 한다

- 저주 귀신이 나에게서 떠나지 못하고 어려움 당하는 내 모습
- 행위를 살펴서 성경으로 돌아가 회개해야 한다.

» 할아버지가 신령같이 생기셨다

- 하나님 아버지

» 할인 쿠폰

- 금식하는 사람에게 주시는 특혜, 무엇이든지 싸고 빠르게 급속히 해결하는 것(사58:8)

» 함께 식사하더라

- 하나가 되고 있다. 하나가 되었다.

» 항아리(장독)

- 질그릇(딤후2:20)
- 그곳에 물이 있는지 더러운 것이 있는지에 따라서 마음 성전의 모양을 분별할 수 있다.

» 항아리에 더러운 물

- 사람 마음속에 생수가 아닌 귀신의 집들이 가득 있다.
- 인격이 성경적이 아니다.

» 해

- 아버지(창37:9,10)

» 해병대

- 귀신 잡는 부대, 벧엘의 군사들

- 돼지(사단)를 해부한다는 것은 '사단의 깊은 것을 알아야 한다.'는 것이다(계2:24). 사단, 마귀, 귀신을 낱낱이 해부하여서 그들에 대해 깊이 알고 대처할 수 있는 성령님의 새로운 지식을 사랑하는 영혼들에게 준다면, 사고의 전환을 통해 그들은 행복한 영혼이 되고 영혼이 잘됨 같이 형통하고 강건한 삶을 살 수 있게 된다.(요삼3:2). 자신의 고통스러운 삶을 힘들다고 인상을 쓰고 원망 불평만 하고 있다면 그 삶은 이 땅에서 복을 누릴 수 없다. 그러나 자신에게 고통을 주었던 환경이나 사람에 대한 생각의 전환을 통해, 주어진 삶을 감사로 이끌면 복을 받게 된다. 그래서 우리는 사단의 깊은 것을 알아야 한다.

» 핸드백, 지갑

- 물권을 의미한다.
- 멋진 명품 핸드백을 받았다면 많은 물질을 선물로 주신다는 약속이다.

» 핸드백이 하얗고 보석이 박혀 있더라

- 거룩한 돈을 받을 준비가 되었다.
- 금식하여 거룩한 보석이 되었으니 돈을 주겠다.

» 핸드폰

- 성령님과 어디서나 교제를 이룰 수 있는 사람에게 주는 것

» 향어가 새끼를 잡아먹더라

- 전도된 성도들을 돌보지 못하는 종들이다.

• 육의 생각이 많이 빠졌다.

» 허리띠, 벨트

• 진리의 띠(엡6:14)

» 허리띠

• 진리 (엡6:14), 진리, 내 삶의 참 즉 간증거리
  - 나는 길이요 진리요 생명이니라(요14:6)
  - 나는 말씀, 길은 예수님께서 내려오신 천국길, 예수님께서 주신 나의 가는 길, 진리는 참, 진실 생명의 주인은 예수님, 그의 영이신 성령님, 이 분이 영생의 주인(요일5:20)
  - 삶의 생명도 있다, 돈, 건강, 자식, 가정의 문제가 잘되는 것을 말한다.
  - 나의 인생길에 터득된 영생의 길을 진리라 하고(마25:46) 그것은 나의 간증거리이며 기이한 빛에 들어간 덕을 선전하는 것이라 한다.(벧전2:9)

» 허술한 집(마음 성전)에 철공소를 하는 남자

• 나의 철장 지워진 나쁜 행동들을 고치는 천사, 고전3:16, 계2:27

» 헬리콥터가 뜨더라

• 내가 아는, 보이는 방법으로 일을 하신다.

» 헬멧

• 구원의 투구, 말씀, 엡6:16

» 형광등이 내려 앉는다

- 삶에 불이 꺼지는 어려움을 예고, 급금식

- 예수님의 형제 중에 신부된 사람이니 단계가 높은 사람(마12:50)

- 예수님의 신부인 어떤 사람에게 달려드는 것

- 큰 사람, 지도자나 큰 귀신 상황에 따라 봐야 한다.

- 영계의 물, 사이즈에 따라서 나라와 세계와 교회와 개인을 구별한다.

- 기도원 교회

- 교회가 큰 사이즈로 잘 될거라는 것

- 예수님의 사명으로 베이스가 완성되었다.

- 몸과 삶에 화를 불러들인다. 화내며 싸우지 않아야 집안에 돈이 생긴다, 싸우고 화낸다는 것은 화를 불러들이는 결과가 온다.

- 사람, 꽃이 피었으면 영혼이 꽃피워 있다. 롬8:30, 영화: 영광의 꽃

» 화장실(은사의 사람, 기도원) (막5;8, 9:25)

- 좌변식, 사람을 자유스럽게 받아 십자가의 사랑 완성하고 있는 자(예수님의 피의 빚갚기)
- 푸세식, 변의 양에 따라 저주를 분별, 양에 따라 내리는 저주를 분별, 사람을 잘받을 수 없는 십자가의 사랑을 한쪽만 이루는 사람, 칭찬만 좋아하는 사람, 눅6:26
- 저주(왕하10:27) 퍼내는 곳
- 영혼들이 회개함으로 대변과 소변을 볼 수 있도록 준비된 곳
- 화장실이 깨끗하고 크고 편리하다면 누구나 영접하여 섬길 수 있고(마10:40,41) 말씀의 올바른 지식을 가지고 사람들 속의 귀신을 볼 수 있도록 도움을 주는 능력이 있다는 의미이다. 그런 주의 종이 있는 기도원, 교회를 의미한다.
- 귀신을 빼내는 은사, 더러운 귀신아 나가라(막5:9, 9:25), 똥이 가장 더럽다 그래서 화장실로 표현
- 화장실이 아주 현대식이고 깨끗하고 멋있다. 교회 기도원의 종이 능력있는 종이다.
- 화장실이 아직 부족하고 허술하고 더럽다의 척도에 따라서 더 준비해야 되는 종이다.
- 크기와 여러 가지를 보고 사람의 준비와 사이즈를 분별할 수 있다

» 화장실에 이불을 쓰고 앉아 있다

- 잠을 편히 잘 수 없는 상황

» 화장실 변기에 대변, 소변이 안 내려간다

- 회개와 용서는 했으나 아직 행위가 바뀌지 않은 상태. 아버지께

의뢰하여 점차적으로 혼에 새겨진 옛 행위를 바꾸도록 한다.

» 화장실에 변이 움직인다

- 귀신(저주)들이 움직인다. 그동안 쌓아놓은 잘못된 것들이 터진다.

» 화장실의 뱀이 작대기로 건드리지 않으면 가만히 있더라

- 누가 건드리지 않으면 순한 사람, 그러나 문제가 터지면 바로 움직여서 화내고 흉보고 욕한다는 것이다.

» 화장품

- 영혼의 모습을 아름답게 하는 것

» 화장을 지우지 않았어요

- 옛것을 버리지 못하고 있는 상태

» 화장품을 팔았다

- 내가 해준 말을 그가 받아들여서 회개를 했다.

» 화장품 장사를 물 건너가라 하더라

- 선교가서 영혼을 잘되게 하라(요일3:2)

» 화장하다

- 아름다워지다.
- 우리의 혼에 새겨진 죄악된 모습은 완전히 고쳐질 수 없지만 성령의 화장품으로 아름답게 훈련되어져야 아름다워 집니다.
- 최고의 명품 화장품은 '아름다운 미소'이다.

» 화투에 이겼다
- 세상에서 이겨서 좋은 것이 온다, 불순종하여 지도자를 귀신에게 지게 만드는 것

» 화투장이 또렷이 보인다
- 월과 그림은 시기를 말함, 비가 보이면 울 일이 생긴다는 것

» 활활 타오르는 불 속에 옷을 던졌다
- 불같은 시험이 내 행위 때문에 온다는 것

» 황금관 쓴 사람(헬멧) (엡6:16)
- 불같은 시험을 통과하며 예수님과 함께 했고
- 남을 위하여 기도의 말과 삶의 말로 복을 빌면서 헌신한 사람
- 사람을 금과 은으로 만들 수 있는 말씀을 가진 사람(말3:3)

» 황소가 들이받아
- 큰 사람을 통하여 단련시키고 계시는 중
- 합격하면 들이받던 황소가 사라지고 다음 단계로 넘어간다.
- 피하지 않고 묵묵히 대처하면 큰 상(마5:11,12 벧전2:23)

» 회장님
- 예수님, 하나님 아버지

» 후진하다
- 아버지의 뜻을 역행하다, 일의 진행이 느리다. 뒤로 물러서서 침륜의 빠진 자, 히10:38, 39

» 흰 돌 검

ㅎ

- 거룩한 믿음의 생활을 위한 말씀(금식과 성령에 관한)

» 흰색

- 거룩함, 금식하는 종, 백성에게 (단11:35, 12:10, 계3:4-5)

» 흰머리

- 노련하다, 센머리(레19:32)

» 흰죽을 먹다

- 보식 때 흰 쌀죽을 먹는 것을 비유하여 흰죽을 먹었다면 금식하라는 말씀이다.

» 흰색, 흰색 차, 흰 집

- 거룩함(벧전1:16), 금식하는 종, 백성(단11:35, 12:10, 계3:4-5)

» 흰 독수리 (계12:14) (독수리 두날개, 금식과 꿈.환상)

- 거룩한 영계의 높은 단계의 종(목사)
- 검은 독수리는 영계의 높이는 있으나 더 거룩해져야 한다는 것

» 흰 차

- 거룩한 사람이 타는 차, 거룩하다는 것 또는 그렇게 만들겠다는 것

» 흑암이 우주를 한바퀴 돌음

- 어두움이 우주를 덮는다는 것

» 흙(땅) (창2:7)

- 황토색, 검은흙, 사람의 재료가 흙이므로(창1:26, 27) 자신의 영적인 상태

- 예수님께서 오셔서 우리를 부르시는 그날에 휴거 된다.(마24:40) 내가 살아있는 오늘 오실 것을 믿는다. 아님 죽어서 간다.
- 금식하여 육신의 일을 버리고 성령 충만 받으면 휴거하여 부활한다고 하신다. 그것은 삶이 잘된다는 것이다.

숫자

모든 숫자는 여기에 준하여 많은 부분을 해석한다. 그러나 항상 예외가 있다.

» 1

- 최고의 사람, 각 분야마다의 자랑스러운 지도자
- 하나님께서 보시는 최고의 지도자는 목사다 라고 하신다.(사43:4)
- 이유) 영혼을 구원하기 위해 세상을 버리고 자신을 따라줬기 때문에(마19:29)

» 2

- 사모: 목사의 부인, 예수님의 신부, 일선이 아닌 이선

» 3

- 삼각형으로 나를 보라

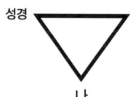

(나를 명철하게 보는 법)

성경 ▽ 나

(1) 말씀으로 (0%)
(2) 꿈,환상으로, 행2:17 (20%)
(3) 인생채찍, 사람 막대기로
    삼하7:14 (80%)

- 가르침을 잘 받아 죽음을 면하라. 또는 가르치는 사람

- 다섯 가지로 훈련하며 고치라(금식하라는 것), 다윗의 물매 돌 다섯 중에 하나를 써서 골리앗을 잡았듯이(삼상17:40) 그 중에 금식으로 모든 것을 다 잡는다.

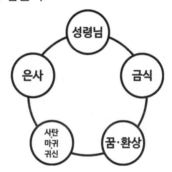

- 완전에 나아가라(마5:17)
- 살아있는 오늘 참, 감사합니다.
- 책망, 고치겠습니다. 감사합니다.
- 하루를 행복하게 사는 것

- 성령의 5가지를 완전하게 돌려서 만(영혼이 잘되는 것)복을 받게 됨

- 육신의 생각은 사망이다 버려라(롬8:6)

- 회개하라 천국이 가까이 왔다.(겔43:26, 심판과 소멸의 기간,

수

정결기간, 사4:4, 단4:28-37)

» 8

- 때가 차매(겔43:26) 즐겁게 받으신다.

» 9

- 구원을 이루신다.(행2:21)

» 10

- 모든 숫자를 거쳐 완전에 이르렀다.(마5:17)
  - 완전 : 성경대로 사는 사람, 아버지께서 명령하신 그대로 오늘을 따라 사는 사람, 창6:22, 요2:1-

숫자에 몇만 몇천 :
  - 만은 영혼이 잘되는 것, 천은 육신의 삶이 잘된다고 해석한다.
  - 아들은 만으로 보고 딸은 천으로 본다, 아들은 씨고 딸은 밭이며 땅에 복이다.(영육 구원)

숫자는 여기에 근거하여 해석해야 한다.

» 0

- 원 동그라미: 완전(마5:17) :

» 0.5키로 빠졌다

- 살 빠지는 금식 때문에 금 같은 믿음자가 되고
- (.) 점도 없고 흠도 없으신 예수님께서 0, 영광을 나타내 주신다.

» 1학년

- 목사 반

» 13

- 완전하게 나를 살피는 것

» 2학년

- 사모 반, 베이스가 되는 학생들

» 2시 10분

- 머리를 시시각각 다르게 하고
- 꿈과 환상으로 지시받고 완전에 나아가라

» 20일

- 일 : 하룻길, 20:완전한 사모,
- 아버지께서 시키시는 대로 완전하게(마5:17) 하루만 살아라. 내일을 염려하지 말라 내일은 없다.(마6:34, 잠27:1)

» 20분 설교

- 완전한 사모(예수님의 신부, 제사장)를 세우는 설교(계5:10, 19:7-8)

» 20%

- 프로가 된 완전한 사모, 남자도 예수님의 사모다.

» 25%

- 성령 충만을 위해 5가지를 잘 돌리는 프로 제사장

» 26일

- 완전한 사모로 육신을 버리는 일

수

» 329만원

- 금식으로 나를 살펴 온전한 사모가 됨으로 구원을 받아 만복을 받게 됨

» 3000원

- 천(육의 복)복을 받기 위해서 회개할 수 있게 나를 보라, 받게 되었다. 명철, 잠28:11

» 3시

- 나를 살펴서 회개하라, 시시각각으로

» 4,7키로로 태어나다, 다윗이 태어날 때 겪은 어려움을 이렇게 표현

- 4, 저주에 걸려 죽을 뻔(출20:4)
- 점도 없고 흠도 없으신 예수님께서(벧후3"14)
- 7:온전히 회개케 하시고
- K: 금같이 만들어내실 것이라고
- 저주 때문에 죽을 뻔하고 태어났지만 예수님께서 앞으로 회개하게 하시고 금과 같이 만들어서 쓰실 것이라 하신다.

» 4시

- 시시각각으로 죽다. 그때그때 죽어야 한다. (고전9:27)

» 46

- 육신이 완전하게 죽음/ 육신을 죽여서 완전하게 가르치다.

» 6학년

- 육신적인 사람들

» 6월부터 바쁘다

- 육신을 버려서 이제부터 바쁘게 된다.
- 예수님의 귀하신 피가 유월하게(넘어가게) 하셨다.

» 7자를 크게 말하더라

- 7은 회개의 숫자
- 회개되지 못한 사건 때문에 어려운 일이 크게 생긴다는 것

» 70

- 완전한 회개

» 8은 0자가 꼬였다 (0은 영광)

- 팔자(저주가 내려있다)가 안 좋다는 것은 세상의 말이고 성경은 저주가 내렸다는 것이다. (출20:4-5, 조상들의 우상숭배의 값인 귀신들)

» 86

- 팔자에 매인 육신적인 사람/ 육신을 버려서 완전하게 때가 참

» 09(영구)

- 영생 구원(천대까지의 복)

» 10시 35분

- 명철의 말씀으로 나를 살피고 성령 안에서 5가지를 돌려 완전하게 됨

» TV

- 하늘나라 영계를 보는 화면

수

» A면

- 긍정적인 면, 우리가 긍정적이고 좋은 꿈만 좋은 줄로 알고 있지만 긍정 속에는 항상 부정이 있고 부정 속에도 긍정이 있어 좋은 꿈이던 나쁜 꿈이든 내가 아버지와 대화를 하고 있다는 자체가 행복이며 복이다. 나쁜 것은 좋게 해달라 하고 좋은 것은 감사하면 복이 된다. 불평하고 원망하는 나 때문에 어려운 것이지 다른 것은 없다.

» B면

- 부정적인 면

» MP3

- 삶을 노래하는 것

» 144000(계14:1-3)

- 이 숫자 때문에 이단이 나왔다 하니 이것은 꼭 해석을 해야 될 숫자인 것 같다. 정말로 144000만 천국을 간다면 이미 천국은 가득 찼을 것이다. 그래서 이것은 풀어야 하는 숫자이지 그 숫자를 가지고 천국을 지옥으로 만들어서는 안 될 것이다. 큰 징계를 기다려야 되지 않을까?
  ① 이마에 어린양의 이름, 계14:1, 죄에서 구원받은 백성, 계1:5
  ② 아버지의 이름을 쓴 것이 있더라, 계14:1.
  　　나라와 제사장이 된 부류,계1:6

» 사울은 천천이라 다윗은 만만이요 (삼상18:7,8)

- 사람을 창조하신 때 이후를 보면
  아담의 자손 가인과 아벨(창3:1-)중 아벨에서(셋, 창4:25,

26) 믿는자가 영육으로 나뉜다. 노아와 그 백성들(창6:1-) 아브라함과 롯(창13:1-) 이스마엘과 이삭(창16:1-) 야곱과 에서(창25:27-) 다윗과 사울(삼18:7,8) ->이 땅에는 이미 영육 두 부류의 사람을 만드셨고 사단의 깊은 것을 알지 못하고도 끝까지 그 이름으로 이기는 자에게는 만국을 다스리는 권세를 주시나 다른 것은 맡길 수 없다는 것이다.(계2:24-27) 그렇다면 영을 알면 큰일을 맡을 수 있다는 것과 다를 것이 무엇인가?

몰라도 어쩌면 모를 수밖에 없는 것이 성경일 수도 있다.

• 이렇게 두 부류의 사람이, 계14:3

1) 천천을 받을 사람, 육의 사람,

   만만을 받을 사람, 영의 사람

2) 그런즉 형제들아 우리는 여종의 자녀가 아니요 자유 있는 여자의 자녀니라(갈4:31)

   - 여종의 자녀 : 육의 사람

   - 자유 있는 여자의 자녀 : 영의 사람

3) 각 지파에 일만 이천씩이 택함을 받았는데(계7:5-8)

   - 일만 : 만복자, 영의 사람이 하나라면,

   - 천복자, 육의 사람이 이천, 만복자보다 육의 사람이 두 배가 많다고 보시면 되겠지요

4) 또 내가 보니 보라 어린 양이 시온 산에 섰고 그와 함께 십사만 사천이 서 있는데 그들의 이마에는 어린양의 이름과 그 아버지의 이름을 쓴 것이 있더라(계14:1)

   ① 어린양의 이름 : 그의 피로 우리를 죄에서 해방시키시고 믿는 자에게 어린양의 이름을 써주시고(계1:5), 초보사역,히5:12,13

   ② 그 아버지의 이름을 쓴 것이 있더라 : 그의 아버지 하나님을

수

위하여 나라와 제사장을 삼으신 그에게 영광과 ....(계1:6), 장성자 사역, 히5:14 우리를 제사장, 신부로 삼으신 신비에 새긴 이름,(아8:6, 롬15:16, 계5:10, 19:7,8, 20:6) 내 마음 성전에 오셔서 물과 성령으로 거듭나게 하시고 내 안에서 함께 숨쉬고 살아계신 나의 아버지 그 이름이 영생의 주인이시며(요일5:20) 살아계셔서 임마누엘 하신 분이 성령 하나님이시다(사7:14)

- 능히 셀 수 없는 큰 무리(계7:9)라고 하셨지 숫자를 지정하는 것이 아니다.

» 666 (계13:17,18)

17절에

1) 짐승의 이름 : 죄의 이름이다.(계21:8,27)

2) 그 이름의 수 : 죄의 숫자, 죄의 근원자 사마귀가 짐승이다. (계16:1,14) 그 사마귀에 져서 세 가지에 죄에 빠지면 666표가 팔에 찍힌다. 꿈에 보니 그렇게 생겼다.

① 마19:29, 버리지 못한 죄

② 계21:8, 22:15, 개들 점술가들, 음행하는 자들과 살인자들과 우상 숭배자들 및 거짓말을 좋아하는 자들

③ 회개치 않는 죄, 마11:20-24, 마3:2)

* 우리의 몸에 무엇을 찍는다 부친다 해도 무엇이 두려우신가요? 그것이 두려운 것이 아니라 아버지의 뜻대로 우리가 사느냐 못사느냐가 중요하지요. 그때 무엇인가 우리에게 찍으려 한다면 여쭤보면 되지요. 아버지! 이것을 받아도 되요? 안돼! 그러면 안 받으면 되고, 아무것도 아니다 하면 받으면 되지. 우리가 그런 것 겁나서 할 일을 못하나요? 아버지하고 대화가 통하느냐 안

통하느냐가 문제이지요. 깨어 있느냐 잠들어 있느냐가 중요한
것이지요.(마24:42)

.흠이 없고 거짓이 없는 자(계14:1-5)
나를 보지 못하고 성경을 열면 이단자가 나오고
나를 보고 성경을 열면 거짓 없는 자가 된다.
나를 보는 명철의 방법을 꼭 터득해야 한다.
꿈과 환상으로 나를 보면 이단으로 갈 이유는 없다.
나쁜 꿈과 환상을 내가 가지고 나를 고치면 된다,
이것은 그 숫자가 아니라 비유이다.

우리는 그런 것을 걱정하지 말고
예수님이 언제 오실지
그것 때문에 싸우고 또 싸워서
나라에 어려움을 끼치지 말고
오신 예수님(눅17:20,21) 성령으로 오신 예수님하고 행복하게 살면
때가 되면 오셔서 내 소원을 이루어주시고
때가 되면 오셔서 사랑해주시고
때가 되면 우리의 눈에서 눈물을 닦아 주시지 않겠어요(계21:4)

오신 예수님의 영이신 성령의 충만을 입어 행복하게 살면
때가 되면 오시는 재림의 예수님도 만날 수 있답니다.
그러니 우리는 오늘 지금!
아버지의 뜻을 따르고 있는 나에게 영육 복을 주십니다.

수

그런 나 때문에

나라가 바르게 되고
내 교회가, 내 가정이 잘되고
나를 만나는 모든 사람이
하나님을 사랑하는 나 때문에
모두 영육 복 받아
할렐루야!
행복하게 살줄로 믿습니다.
사랑합니다!

성령충만이 약이다

초판인쇄   2018년 10월 5일
초판발행   2018년 10월 9일

저   자   박이스라엘
펴 낸 이   최성열
펴 낸 곳   하늘빛출판사
연 락 처   010-9932-8291
출판등록   제251-2011-38호

I S B N   979-11-87175-06-3

가   격   12,000원